論理性を鍛えるレポートの書き方

Academic Writing Skills

酒井浩二 著
Sakai Koji

ナカニシヤ出版

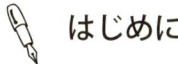 はじめに

　本書は，良いレポートを書くためのテキストである。構成は，前半がレポート作成に必要な思考力を高める技法の解説と練習，後半が前半の技法をレポート作成で実践するための解説と練習になっている。感想文や小説などではなく，理由を交えて筆者（自分）の主張をわかりやすくレポートとして作成できるようになるためのテキストである。

　本書は，主には，大学の半期の授業で，1年生向けのレポート作成のテキストを念頭においている。そのため，本書は1回90分間×15回分の章立てで構成されている。ぜひ，飛ばし読みをせずに，1章から17章まで順番に読み進めて練習問題に取り組んで頂きたい。また，独学でレポート作成の能力を高めたい学生，社会人の方も本書を使って頂ける。この場合，練習問題について一緒に取り組んだり意見交換したりしあえるメンバーや，書いた文章を添削してくれる指導者がいれば，理想的である。

　本書は，序論，本論，結論の構成でレポート作成を訓練する。起承転結，目的・方法・結果・考察など，他のスタイルのレポートも多い。しかし，もっとも標準的で書きやすいスタイルが序論，本論，結論の構成である。まずは，徹底的にこの構成でレポート作成の練習を積むことで，多様なスタイルのレポート作成に取り組む基礎力が養成される。論理的に文章を書くスタイルを1つ修得すれば，専門分野に特化した学術論文を論理的に書くことにもおおいにつながる。

　本書の特徴は以下の2点である。①レポート作成に最小限必要な，論理的思考法（Part 1）とレポート作成の技法（Part 2）の両方を扱っている，②練習問題と回答例を掲載し，練習テキストの体裁をとっ

ている。

　本書を通じて，良いレポートが書けるようになるために，以下の2つを必ず実践して頂きたい。1つめは，本書で紹介するレポート作成の技法を使って「練習問題」に必ず取り組むことである。英語を読んでいるだけでは英作文や英会話が上達しないのと同様，本書を読んでいるだけではレポート作成力は身につかない。2つめは，書く作業を継続することである。一時的な訓練により英作文や英会話の力が一時的に身についても，継続しなければその力は衰える。日本語でのレポート作成力も全く同様である。継続するには，必然的に書く機会を増やす外発的な動機づけも大事だが，書き言葉で表現したい，相手にわかりやすく伝えたいという内発的動機づけを高めることが大事である。

　本書での訓練を通じて，レポート作成の基本的なスタイルを習得し，作成能力を高めて頂ければ幸いである。

目次

  1 ガイダンス 1

Part 1 基礎的な思考法
  2 問題は何か？① 12
  3 問題は何か？② 17
  4 結論は何か？ 24
  5 理由は何か？ 29
  6 事実は何か？ 33
  7 引用の方法①：出典の表記方法 38
  8 引用の方法②：引用文の加筆方法 49
  9 重要な語句を定義する 59

Part 2 レポート作成の手順
  10 テーマの設定 66
  11 タイトルの設定 69
  12 レポートの構成 74
  13 疑問の連鎖 87
  14 レポートの作成 93
  15 推敲と評価 99
  16 学生どうしの読み合わせ 110
  17 まとめ 112

  18 補遺 117

  練習問題の回答例 125
  あとがき 147

1 ガイダンス

 ## 1.1　用語説明

本書で使う用語について，以下のように定義しておく。以下の定義は，一般的でなく本書でのものであり，便宜上のものも含んでいるので注意されたい。

筆者：レポートの作成者。
著者：レポートを作成するために引用する文献を著した人。
私：本書の著者。
引用：レポートを作成するために，すでに公表されている文献を借りて，その一部をレポートに加筆すること。
文献：紙ベースの出版物だけでなく，図書，学術論文，新聞，ウェブサイトなど，公表されているすべての情報を含む。
知識：意見，情報，事実など，人間の頭の中で表現されるすべての事柄。
情報：社会で公表されているすべての内容。
主張：筆者あるいは著者の意見。
異見：筆者と著者の間で異なる意見。
読み手：レポートを読み，評価する人。
読者：本書の読者。
理由：根拠，証拠，エビデンス，論拠などとほぼ同じ意味。
事実：主張や理由を裏付ける情報。

 ## 1.2　本書の目的

レポートを書くのに主に必要なものは，以下の3つである。本書

では，以下の②，③を中心に訓練する。

①知識：筆者が知識を持っていなければ，文章を書くことはできない。引用ばかりのレポートになり，採点の対象外となる。

②思考力：多くの知識が詰まっていても，筆者の主張を論理的に組み立てる思考力がないと，知識の羅列になる。読み手は筆者の主張を理解できずに，レポートの評価は低くなる。

③書く技術：論理的な主張を，頭の中で組み立てられたり口頭で説明できたりしても，書き言葉で表現する技術がないと，レポートで読み手に理解してもらえない。口頭での説明は説得力があるのに，レポートにおいて説得力に欠ける人は，書く技術が未熟なためである。

本書の目的は，レポート作成に必要な思考の基礎的技法を習得し，良いレポートを作成できるようになることである。書くためには，多くの知識を蓄え，考えることが必要である。苅谷（2002）は，書くという行為は，もやもやしたアイデアに明確な言葉を与えることであり，そのため書くことで考える力がつくと指摘している。レポート作成の訓練を通じて，政治，経済，文化，社会，教育，人間関係など，諸問題の見聞と思考力を深めることができる。

大学でのレポートを含め，報告書，手紙，電子メールなど，文章を書く機会は日常きわめて多い。レポート形式で論理的に書くスキルを修得すれば，他のスタイルの文章もうまく書くことができる。

1.3　レポートの良さの基準

1.2節では，本書の目的は「良いレポートを書くこと」と位置づけた。では，どんなレポートが「良い」のだろうか。レポートの良さは評価者により異なり，一律ではない。本書では，良いレポートの大まかな基準を以下の3つに絞る。

①筆者の主張が明確である

通常，1つのテーマに対して検討可能な主張は1つではなく，複

数存在する。たとえば，日本の財政再建の方法として，消費税率の引き上げによる税の増収，経済成長にともなう税収の増加，財政支出の導入など，いろいろな政策が考えられる。どの政策が絶対的に正しいというわけではない。レポートでは，そのうちの1つあるいは少数個について筆者は主張する。その際，筆者が何を主張したいかを，読み手にはっきり理解させることが必須である。文献で書かれた他者の意見を参考にしつつ，筆者が自分の頭で考えて主張していることが必要である。

②主張の理由が妥当である

筆者が主張をしているだけでは，意見のごり押しになる。なぜ筆者がそのように主張するかの理由を，筆者が考えて論述したり，文献を通じて事実を引用したりして，明確に説明する必要がある。読み手が，筆者の主張に対してなるほどと納得する理由や事実をあげて論述する必要がある。

③わかりやすい文章表現・レポート構成である

筆者の主張が明確であり，その主張の理由に説得力があっても，文章表現やレポート全体の構成が理解しにくい場合，レポートの評価は低くなる。常に読み手を意識し，自己満足的に書かず，読み手に明確に理解してもらえる文章表現・レポート構成を心がける必要がある。

1.4 良いレポートを書く意義

1.3節で紹介した良いレポートを書く意義はどこにあるだろうか。書くことは，人生の多くの場面で非常に重要になる。書く機会のない分野を除けば，書く力がない人は，どんな分野でも大成しにくい。以下，書く意義を4つ述べる。

①学びを深める

大学で，多くの科目はレポートで評価される。授業で理解した内容や，受講生が主体的に発展させた内容をレポートで書く機会が多

い。レポート作成の技法を習得していないと，大学での専門の理解を深めることは難しい。大学に限らず，専門分野での専門性を高めるためには，必ず書く力が必要になる。つまり，書く力は知的学習に必須の素養である。

②**社会で高い評価を受ける**

社会で書く場面は，たとえば報告書，企画書，提案書，手紙，案内文，メールなど，同僚や顧客と書き言葉で意思伝達しあうことが多い。その際，他者に適切に受け入れられる文章を書く力を持った人は，大いなる戦力として評価される。

③**誰にも臆せず主張できる**

レポート作成の能力を高めることは，深く考える思考力を高めることと同じである。そのため，友人，先輩，教員，マスコミなどに，自分の意見を明確に，説得的に主張できる。

④**コミュニケーション力が高まる**

書く技法を習得すると，話す，聴く基礎力も高まる。これらは，それぞれ異なる素養を要するものの，すべて言葉を使う点で共通している。いろいろな人と知的にコミュニケーションする力が高まる。

1.5　論理的思考のための日常の姿勢

「知識の獲得」と「知識に対する思考」について，ブラウン・キーリー（2004）は，比喩的に「スポンジ型」と「砂金ふるい分け型」の思考スタイルと表現している。前者は，水を吸収するように知識の獲得を重視し，後者は砂利と砂金をふるい分けるように重要な情報とそうでない情報を選りわける。後者は，頻繁に質問し，答えを思考することで養成される。レポート作成において，さまざまな情報を収集し，情報を取捨選択することから，両方の思考スタイルが重要であるが，限られた期限内に要点を絞ってレポートを作成するためには，後者の思考スタイルが特に大事になる。

また茂木（2004）は，論理的思考とクリティカル・シンキングにつ

いて，以下のように定義している。

> 論理的思考：頭の中で，複雑なものを分類したり，整理したり，組み立てたりしてわかりやすくすること。
> クリティカル・シンキング：多角的な視点や客観的な根拠をもとに，合理的な判断を主体的に下していくこと。

　上記で紹介した，砂金ふるい分け型の思考，論理的思考，クリティカル・シンキングの習得は，授業だけで完結して会得できるわけでなく，日常生活の姿勢に大きく影響される。日々，インターネット，テレビ，図書，新聞など，社会で公表されている情報について，以下の点について自分の頭で深く考えることが望ましい。

①情報の事実確認
　報告者の情報収集力が未熟，調べる時間が短かったなどの理由で，新聞，テレビなどのマスメディアが間違った情報，あいまいな情報を公表することもある。出版されている図書や，インターネットで掲載される情報についても同様である。公表されている情報は本当に事実であるか，1つの視点から捉えた情報に過ぎないのではないかなど，情報の真偽について深く考える。

②主張の妥当性
　情報については多くの場合，正誤の判別がつくものが多いが，主張については正誤の判別が明確につかないものが多い。主張については，正誤より妥当性が適用される。情報そのものは事実であるが，情報に関する筆者の主張が常に妥当であるとはかぎらない。情報に関する解釈の誤り，筆者の主張を導くために必要な情報を調べていないなどの理由で，妥当でない主張が公表されることもある。自分ならいかに主張するかを，自分の頭で深く考える。

③異見の妥当性の検討
　正しい情報を用いて妥当な主張が述べられていても，ほとんどのテーマの場合，別の妥当な主張も成立しうる。紙面・時間がない，

自分の主張したい内容と異なるなどの理由で、別の妥当な主張を公表しない場合もある。情報に明確な真偽はあるが、主張には情報のように明確な真偽は通常ない。他者の主張が妥当であるいっぽうで、異なる主張も成立するのではないかなど、自分の頭で深く考える。

情報の事実確認、主張の妥当性、異見の妥当性の検討を、日常生活で習慣づけることが、良いレポートを書くことにおおいにつながる。そうした意識づけの実践から、独創性、個性、才能、ビジネスチャンスなどが高まる。

1.6 レポートのタイプ

レポートによりタイプが異なり、主要なものは以下の2つになる。

①論証型レポート

何らかのテーマについて、理由をあげながら論証する。たとえば、レポートのテーマが「日本の安全保障」で、タイトルが「日本は核武装をすべきか否か」などの場合である。筆者自身は調査や実験などを通じてデータを収集せず、文献を引用しながら筆者の主張を論述する。さらに分類すると、筆者の主張を論述するタイプと、事実はどうであるかを論じるタイプに分かれる（詳しくは2章を参照）。

②実験・調査レポート

何らかのテーマについて、自分あるいはグループで実験・調査をして、その結果をまとめて報告する。たとえば、レポートのテーマが「短期記憶」、タイトルが「精緻化方略による短期記憶の向上」で、心理学実験でのデータを使って論述する場合である。レポートの構成は、専門分野により異なるが、目的、方法、結果、考察の順で書くことが多い。

本書では、①の論証型レポートのみについて紹介する。①と②はレポートの形式が異なるが、①を訓練しておけば②の素養の向上におおいにつながる。

1.7　レポートの構成

　本書では論証型レポートのうち，序論・本論・結論の構成でレポート作成の訓練をする。各論で書くべき内容は，以下の通りである。
1. **序論**：問題の背景，論じる内容，論じる意義を書く。
2. **本論**：問題に対する筆者の主張，主張の理由を書く。
3. **結論**：序論で提起した問題に対する筆者の回答を簡潔に書く。

論証型レポートとして，起承転結など他の構成もある。しかし，序論・本論・結論の構成のほうが，一般的であり，論述しやすく，読み手が理解しやすい（酒井・山本，2009）。そのため，本書ではこの構成でレポート作成の技法を学習する。

 ## 1.8　本書の構成

　1.7 節で紹介したレポートの構成で書く訓練を，本書では Part 1 と Part 2 を通じて行う。
　part 1：レポートを書くための基礎的な思考法の訓練
　Part 2：Part 1 で得た思考法に基づくレポート作成の訓練
　補遺：より深く考えて文章を書くための訓練
　Part 1，Part 2 を通じて，90 分間の授業×15 回分の構成で書かれている。Part 1 の内容のうち，「問題は何か？」「結論は何か？」「理由は何か？」「重要な語句を定義する」は，クリティカル・シンキングのテキストとして書かれたブラウン・キーリー（2004）の章立ての一部を参考にしている。Part 1 の内容は，1.7 節で紹介したレポートの各構成と，以下のように内容的に対応している。

2 章・3 章　問題は何か？
　☞レポートのテーマ，タイトル，序論
4 章　結論は何か？
　☞結論

5章・6章　理由は何か？
☞本論
7章・8章　引用の方法
☞序論・本論
9章.　重要な語句を定義する
☞序論・本論

なお，ブラウン・キーリー（2004）の章立ては，以下の通りである。より深く考える思考法として推薦できるが，書店で入手不可の状況である。

①問題および結論は何か？
②理由は何か？
③どの語句が曖昧か？
④価値対立と前提は何か？
⑤記述前提は何か？
⑥推論の誤りはないか？
⑦証拠は十分か？
⑧対抗原因はあるか？
⑨統計に偽りはないか？
⑩どんな重要情報が省かれているか？
⑪どんな論理的結論が可能か？

なお補遺では，文章の引用技法と著者の意見の説得力を高めるために，新聞と『日本の論点』の文章を要約してコメントを述べる練習法を紹介する。

1.9　各章の練習の手順

各章の文章の内容は，大きく分けると以下の3つに分類できる。

①解説：思考法やレポート作成で順守すべき留意点。
②例文：留意点に沿った文章例。
③練習問題：読者が文章作成する課題。

本書では③を「練習問題」として設定している。必ず③は，①の注意事項を順守して，②の例文を参考にして，自分の頭で考えて書く必要がある。読者が③の実践をともなうことなく，つまり実際に文章を書かずに本書を読んでいるだけでは，レポート作成の力は高まらない。

Part 1，Part 2 の各章で，授業では大まかに以下の手順で練習する。ただし，独学で学習する読者は，①と⑤は対象外になる。

①先週の練習問題の回答を数名が発表して議論する（先週授業の復習の位置づけ）。
②レポート作成技法の留意点を読んで理解する。
③留意点に関する例文を読んで，書き方のコツを把握する。
④レポート作成技法を使って，例文を参考にしながら練習問題に関する回答を書く。
⑤書いた文章に対して発表・議論する。

各章の内容は，たとえば3章の内容は2章の内容と関連させるなど，すでに終えた章の内容を部分的に含んでいる。その理由の1つは，各章を一度学習すれば習得できるわけでは決してなく，各章の内容を順守して何度も文章を書く訓練を積むことで，少しずつレポート作成力が高まるためである。

「練習問題」に関しては，本書の最後に「回答」の一例を掲載している。練習問題に対する唯一の「解答」は存在しない。むしろ，練習問題の回答がたくさんありうるため，読者が考えた回答が本書の回答例と一致する可能性はほとんどない。本書の回答例を見て，なるほどこんな回答もありうる，この回答はこの点が妥当である・妥当でない，私の考えた回答のほうがこの点で妥当性が高い・低いなど，読者が深く考えるための一助として頂きたい。回答例は，私が考えたアイデアにすぎず，他にもっと優れたアイデアがある。

主語・述語の位置や修飾の順序などの文章作法については，本書では詳しく取り上げない。レポート作成で大事なのは内容であり，文章作法は枝葉である。英語の文法を学習しても，書く内容をしっかり吟味してレポートを構成する力がないと英語でのレポート作成ができないのと同様である。文章作法については過度にこだわらず，本書の練習問題に取り組む上で，担当教員からのコメントなどを通じて少しずつ修正していけばよい。

Part 1

基礎的な思考法

2　問題は何か？①

 ## 2.1　本章のポイント

本章で習得する内容は，主に以下の4点である。
① 「問題」とは何かを理解する。
② 「記述問題」と「規範問題」の違いを理解する。
③ 「問題」の焦点を絞る方法を理解する。
④ 「問題」を検討する意義を理解する。

 ## 2.2　「問題」と「結論」

「問題」とは，レポートで提起されている論点であり，レポート作成の基礎になる疑問点である。「結論」とは，レポートで論証されるべき論題であり，提起された問題に対する回答に相当する。レポートでは，必ず提起すべき「問題」があり，それに対する「結論」がある。問題と結論で1セットのような位置づけである。

以下の例文を読んで，問題と結論のセットの考え方を理解しよう。

◉例文 2-1
問題：仏教精神とは何か？
結論：仏教精神とは，「真実心」を追求し実践することである。

◉例文 2-2
問題：少子化の改善策は何か？
結論：有力な改善策の1つは，ワーク・ライフ・バランス（仕事と生活の調和）の推進を，企業が従業員に推奨することである。

> **練習問題 2-1**
>
> 上記の例文 2-1, 2-2 を参考にして，問題と結論を3セット書いてみよう。問題は，難しく考えずに，自分の関心のある素朴な問題を取り上げてみよう。結論は，自分なりに考えた結論でよいので，問題に対して誠実に直接的に回答しよう。

2.3 「記述問題」と「規範問題」

ブラウン・キーリー（2004）によれば，提起される問題は，大別すると記述問題と規範問題の2つがある。以下，この2つの問題について簡潔に説明する。

2.3.1 記述問題

ブラウン・キーリー（2004）によれば，事実はどうであるか（現在），どうであったか（過去），どうなるか（未来）を提起する問題であり，心理学，社会学，政治学，経済学，教育学，地理学などでよく出る問題である。記述問題は，事実を問う問題であり，一定枠の何らかの正しい解答がある。以下，記述問題の例を3つあげる。

●例文 2-3
① 織田信長が暗殺された主な理由は何か？（過去の場合）
② 経済的にゆとりのない人は，心の問題をより多く抱えているか？（現在の場合）
③ 10年後，日本の大学の教育システムは，どのように変貌しているか？（未来の場合）

これらの問題は，ある一定枠の「正しい解答」が存在する。たとえば，例文②を検討する場合，年収の高い人と低い人のあいだで，心の問題をどの程度持っているかに関する文献を引用して論じることで，②の問題に対して事実に基づく回答を論述することができる。

練習問題 2-2
自由な発想で，記述問題の例を 3 つあげてみよう。

2.3.2 規範問題
ブラウン・キーリー (2004) によれば，何が正しいか・正しくないか，何が望ましいか・望ましくないか，何が良いか・悪いか，などを提起する問題であり，社会論争の多くの問題に該当する。記述問題が「事実」を問う問題であるのに対して，規範問題は「価値」を問う問題である。論理的な説明を見出すのが目標であり，唯一の正しい解答はないことがほとんどである。以下，規範問題の例を 3 つあげる。

● 例文 2-4
①日本の失業対策として何をすべきか？
②少年犯罪を少なくするために何をすべきか？
③成人の年齢を 18 歳以上にすべきか？

これらの問題に対して，妥当な理由を示すことで説得力のある結論を導き出すことができる。しかし，記述問題の場合のように，唯一の正しい解答があるわけではない。たとえば，例文①を検討する場合，職業訓練の推進，キャリア教育の推進，ベンチャービジネスの推進など，考えられる失業対策は数多くある。そのうちの 1 つは，効果が大きく期待できる対策とはなりうるが，唯一の正しい解答とは性質が異なる。正しさではなく価値や妥当性を問う問題である。

練習問題 2-3
自由な発想で，規範問題の例を 3 つあげてみよう。

2.3.3 記述・規範の両性を含む問題
記述問題と規範問題のいずれかを区別しにくい問題もたくさんあ

る。しかし，設定されたレポートのタイトルがいずれの問題であるかを吟味すると，何らかの解答が存在して事実はどうであるかを論じるべきか，あるいは正しい解答は存在せず主張が妥当であるかを論じるべきか，いずれを中心に論じるべきかを方向づけることができる。つまり，レポート作成の過程で，どこに力点をおいて情報収集し，書き進めればよいかの指南となる。

　記述問題と規範問題の分類方法以外の分類を紹介する。北岡（2003）は，ディベートの論題として，事実，価値，政策の3つに分類できると指摘している。おおむね，事実は記述問題，価値と政策は規範問題に該当する。山内（2003）は，レポートのタイプを，意見を言う，事実を報告する，制作する，の3つに分類できると指摘している。おおむね，「事実を報告する」は記述問題，「意見を言う」は規範問題，「制作する」は記述・規範の両問題と関連している。

練習問題 2-4

　以下の問題は，記述問題か規範問題のいずれであるかを考えてみよう。ただし，捉え方により，本節で紹介したように，記述・規範の両方ともみなせる問題もあるかもしれないので，自分なりの判断で考えてみよう。

① 世界で高く評価されている日本の国際貢献は何か？
② 10年後の日本経済はどのように変貌するか？
③ ベンチャー企業が増える意義は何か？
④ 終身雇用制度の是非は？
⑤ 日本とアメリカの家族愛の特徴の違いは？
⑥ 日本における自殺の主要因は何か？
⑦ 有効な地球温暖化の防止策は何か？
⑧ 原油に変わる代替エネルギーの有力候補は何か？
⑨ 男性の育児の現状は？
⑩ 裁判員制度の是非は？

同じテーマでも，問題の設定方法により，記述問題か規範問題であるかは変わる。たとえば，年功序列制度をテーマとする場合，問題の設定方法，つまり論点により，以下のように記述問題か規範問題であるかは変わってくる。

◉例文 2-5
テーマ：年功序列制度
記述問題：年功序列制度に対して，従業員はどんな意識を持っているか？
規範問題：年功序列制度を廃止すべきか？

また，記述問題に対する回答が，規範問題の1つの理由になることもある。上記の例文の場合，従業員の年功序列制度に対する意識が，年功序列制度を廃止すべきか否かを判断する1つの理由になりうる。

練習問題 2-5
上記の例文 2-5 のように，1つのテーマを設定し，視点を変えて記述問題と規範問題を考えてみよう。

 ## 2.4 まとめ

記述問題は，現在，過去，未来の事実に関する記述・説明を求める問題である。規範問題は，何をすべきか，何が良くて何が悪いか，といった価値に関する提言を求める問題である。レポート作成の際，記述問題では徹底的に文献を探す作業が，規範問題では多角的な視点で考える作業が特に重要になる。

3 問題は何か？②

 3.1 例文で見てみよう

2章では，自分の頭で考えて問題を書いたが，レポート作成においては，筆者の知識のみに基づいて作成することはほとんどない。通常，何らかの文献を引用する。文献を読んで，文献では何が問題になっているのかを読解し，その問題がレポートの問題と関連するかどうかを吟味する必要がある。つまり，論理的にレポートを書くためには，論理的な読解力も必要になる。

そこで，文章を読んで問題を突き詰める練習も少し行う。この練習を通じて，より核心的な問題を自分の頭で発案できるようになることが目標である。問題を見出すための留意点は，文章の全体像を把握することである。ブラウン・キーリー (2004) は，問題を見出すもっとも確実な方法は，先に結論を突き止めることであると指摘している。以下の例文を読んで，問題と結論を考えてみよう。

●例文 3-1
　死刑制度の存続に賛成である。死刑制度は，犯罪の抑止力や遺族の恨みの緩和につながる。
問題：死刑制度を存続させるべきか？
結論：死刑制度の存続に賛成である。
2文目は，結論でなく，5章で紹介する理由に相当する。

練習問題 3-1
　上記の**例文 3-1**を参考にして，以下の例文の問題と結論を書いてみよう。

◉例文 3-2

　男性を 100 とした場合の女性の賃金は，韓国で 62.6，日本で 66.8，アメリカで 81.0，オーストラリアで 86.4，フィリピンで 96.6 である。世界各国と比較して，日本は男女賃金格差が比較的大きい（平成 19 年 10 月 26 日（金）朝日新聞朝刊 3 面より引用）。

◉例文 3-3

　徴兵制度には反対である。確かに，規律やルールを学習することに加えて，愛国心や自国を守る精神を学習できることが自衛隊への入隊の大きな意義である。現在のアメリカ頼みの国防では，有事の際には非常に危険である。しかし，国民が自分の望む人生を送り，自分の適性に沿った活躍をして国に貢献するのが適切である。

 ## 3.2　問題を見出す重要性

良い「問い」を発することが，レポートの最初のステップとして重要になる。問題を見出す力，問題点を明確にする力は，問題の回答を見出す力に匹敵する重要な能力である。齋藤（2006）は，質問力は人生の大きな武器になると主張し，以下の点を指摘している。

- 質問するという積極的な行為によって，コミュニケーションを自ら深めていく。
- 自分が素人でも，質問の仕方によって優れた人から面白い話を聞き出すことができる。
- 人間が成長していくためには，自分より優れた人と対話をするのがいちばん早い。

3.1 節で紹介・練習した書き言葉の場合だけでなく，話し言葉においても，他者が提起する問いを適切に見出す能力は大事になる。普段の読書や会話の際に，問題と結論は何であるかを自問自答する

習慣をつけると，問いを発する力を高めることができる。

3.3　問題を見出す方法

特定のテーマについて問題を的確に見出す方法として，本節では，素朴な疑問と質問＆回答を紹介する。

3.3.1　素朴な疑問

自分で思考の枠を作らず，素朴な疑問を自由に列挙し，それらの中で検討に値すると考えられる問題を深く検討する。素朴な疑問は，月並みな発想である可能性もあるが，独創的な発想である可能性もある。後者の場合，その疑問を突き詰めて論述することで偉大な知見につながる可能性もある。素朴な疑問を重視・評価する土壌は非常に大切である。**例文 3-4** では，1つのテーマについて，素朴な疑問を自由に列挙してみる。

◉例文 3-4

テーマ：少年犯罪
- 養育者に特徴はあるか？
- 成人と比較して刑罰が軽減されることの是非は？
- 氏名を公表しない理由は？
- 死刑の執行の是非は？
- 少年院の更生プログラムの内容は？
- 少年院の出所後の生活は？
- 再犯の危険性の高い人物の情報公開の是非は？

これらのうち，「成人と比較して刑罰が軽減されることの是非は？」を深く検討する場合，以下のような内容を吟味する。

◉例文 3-5

問題：成人と比較して刑罰が軽減されることの是非は？

- 同等の犯罪に対する少年と成人の刑罰の内容
- 少年の刑罰を軽減する根拠
- 対案である，少年と大人で刑罰を同等にすることの問題点

練習問題 3-2

上記の**例文 3-4**を参考にして，自由な発想でテーマを設定し，素朴な疑問を自由に列挙しよう。そして，**例文 3-5**を参考にして，そのうちの1つの点について深く吟味して列挙してみよう。

3.3.2　質問＆回答

3.3.1 節は筆者の自由な発想での検討であったが，もう少し思考パターンを固定したのが，質問＆回答の方法である。複数の質問に関して自問自答して，それらの中から重要と判断できる質問に焦点を当て，レポートのタイトルを設定する。「○○と対立する立場は何か？」「○○はどうなると予測するか？」など他の質問も数多くあるが，本節では以下の 10 個の質問について検討する。10 個の質問の○○には，自由な発想でレポートのテーマに関する用語・文章を当てはめればよい。回答は，自分の知識に基づいて書くのでもよいし，文献で調べて書くのでもよい。ただし，後者の場合は，**7，8 章**で紹介するように，必ず出典を明記する必要がある。質問 10 項目のうち，項目 1 ～ 6 は 5W1H の内容であり，項目 7 ～ 10 の 4 項目は伊藤（2006）を参考にした。

この質問＆回答の使い方の1つとして，以下の手順のように，10個の質問に対する回答を検討し，それらから関心の高い質問を1つあるいは少数個に絞る。

質問＆回答の手順

（1） 以下の 10 個の質問を自問自答する。10 個の質問の文章表現は，柔軟に修正してもよい。文献を調べないと回答できない質問が

ある場合は，出典を明記した上で文献を引用する。

（2）（1）で提起した質問の中から，特に論じたい，論じる重要性の高い質問を，理由を述べた上で1つあるいは少数個に絞る。

（3）可能であれば，（2）の内容に基づき，レポートのタイトルを検討する。

テーマ：

①○○とは何か？ －What

②だれが○○か？ －Who

③いつから○○か？ －When

④なぜ○○か？ －Why

⑤どこで○○か？ －Where

⑥どのような点で○○か？ どうやって○○か？ －How

⑦○○は本当か？ －事実の確認

⑧○○はどうなっているか？ －現状の認識

⑨○○に関連することは何か？ －多角的視点

⑩○○の具体的な例は何か？ －具体的な検証

関心のある質問の番号：

関心のある理由：

3.4 質問＆回答の一例

10個の質問＆回答の一例として，ここでは消費税の増税について紹介する。なお，必要に応じて，10項目の質問のうち2つ以上の質問を設定している項目も含めている。

●例文 3-6

テーマ：消費税の増税

①-1「**消費税**」とは何か？

商品に対して一定割合の金額の支払いを課した税金。

PART1 基礎的な思考法

PART2 レポート作成の手順

① -2「増税」とは何か？
　現在，消費税率は5%であるが，この割合を増やすこと。
② -1 誰が消費税を増税するか？
　政府が決定する。
② -2 誰が消費税の増税により利益を得るか？
　消費税による税収が主に福祉・医療・年金などにあてられる場合，特に高齢者が利益を得る。
③いつから消費税を増税するか？
　消費者の適応が難しいため，急に10%程度に上げるのでなく，少しずつ上げていくと推測する。
④なぜ消費税の増税が必要か？
　政府の多額の赤字（800兆円以上）を解消する，高齢化社会に向けて現在の医療・介護水準を維持する，などが増税の主な理由である。
⑤消費税の増税が実施される場所はどこか？
　商品を購入する場面である。
⑥消費税の増税の問題点はどこにあるか？
　所得に関わらず一定の税率であるため，低所得者ほど所得に対する消費税の負担の割合が高くなる。
⑦将来，消費税が増税される見込みは高いか？
　現在の政府の赤字と高齢化社会を考えると，増税は回避できないと考える。
⑧消費税の増税に対する国民の意識はどうなっているか？
　増税しないと日本の医療・福祉が維持できないため，増税はやむを得ないと考える国民が多いと推測する。
⑨消費税の増税に関連することは何か？
　物価の上昇は消費税の増税と同様，家計のやりくりが大変になる大きな要因である。
⑩消費税の増税により消費者の負担となる具体例は何か？
　たとえばマイホーム購入の場合，建築には木材，土地，ガラ

ス，コンクリートなど多くの商品が必要になる。すべての商品に消費税が課せられるため，大きな買い物の場合に消費者の負担は特に大きくなる。
関心のある質問：④
関心のある理由：消費税の増税は日本の未来，次世代の国民の利益のためであることを理解し，政府が消費税の増税を推進する根拠を知っておく必要があるため。

練習問題 3-3
　例文 3-6 を参考にして，自分でテーマを設定して，柔軟な発想で 10 個の質問＆回答を作成してみよう。

3.5　まとめ

本章のまとめは，以下のとおりである。
①多角的な視点で問題を見出す。その方法として，素朴な疑問や質問＆回答がある。
②レポートで詳しく論述する問題の焦点を絞る。
③なぜその問題の論述が重要であるかを考えて書く。
　レポートでは，②で終わらないように注意する必要がある。③をきちんと書いて初めて，レポートで問題について取り上げる意義を読み手に理解してもらえる。

4 結論は何か？

 ## 4.1 本章のポイント

本章のポイントは以下のとおりである。
① 「結論」とは何かを理解する。
② 「結論」の読み取り方を理解する。
③ 「結論」を明確に論述する必要性を理解する。

 ## 4.2 結論とは？

結論は，書き手が伝えたい最終的な主張である。一般的にレポートでは，序論で問題を提起して，本論で結論を導くための理由を論述し，結論では序論で提起した問題に対する回答を書く。問題と結論はワンセットであり，問題を見出せば結論も見出しやすく，結論を見出せば問題も見出しやすくなる。レポートでは，結論をはっきり記述することが必須であり，結論が明確でないと，せっかく本論で妥当な理由を展開しても，筆者の主張が適切に伝えられなくなる。

レポート作成だけでなく，文書を読んだり話を聞いたりする場合も，結論は何かをまず理解すると，文章や話の骨子をつかみやすくなる。逆に，結論を取り違えると，書き手や話し手の真意を正しく理解しないことになり，読む・聞く効果が低くなる。

 ## 4.3 結論を読み取ろう！

結論を書く前に，文章を読んで，問題と結論を読み取る練習から始めよう。それを通じて，問題と結論を自分で書くコツをつかもう。

◉例文 4-1

　近年，学校での教育の期待が過度に高まっている。しかし，礼儀，常識，マナーなどの基本的な生活習慣などについては，養育者が教育すべきである。家庭でのしっかりした教育が，学校での学習意欲につながる。逆に，家庭での教育がきちんとできていないと，学校で高等な授業を提供しても学習効果は低い。

問題：学校での教育の効果を高めるために何をすべきか？

結論：養育者が基本的な生活習慣を子どもに教育すべきである。

◉例文 4-2

　文部科学省が小学6年生と中学3年生合わせて約222万人に対して，4月に全国学力調査を実施し，結果を公表した。試験は，国語と数学に関して，「知識」と「知識の活用」が問題として設定された。試験の結果，傾向として「知識の活用」のほうが低い正答率であった（平成19年10月25日（木）朝日新聞朝刊1面　より引用）。

問題：全国学力調査で，国語と数学に関して，「知識」と「知識の活用」のいずれが高い点数であったか？

結論：「知識」よりも「知識の活用」の正答率が低い傾向であった。

練習問題 4-1

　上記の**例文 4-1**，**4-2**を参考にして，以下の文章について問題と結論を考えてみよう。

◉例文 4-3

　国語，英語ともに，読む，聞く，話す，書く，の4つの技能を総合的に徹底的に育成する「ことばの教育」が必要である。西洋の伝統であるスピーチ学に基づく教育では，人前でまとまった話をしたり，ディベートを行ったり，朗読・演技的手

法を取り入れたりしている（平成19年12月19日（水）朝日新聞朝刊24面より引用）。

● 例文 4-4
　高校でのタレント活動は容認されるべきである。タレント活動の禁止は，外見，パーソナリティ，技能などを世間にアピールして社会的に評価される可能性を摘み取ることになる。また，タレント活動の禁止は，学生の表現の自由を奪うものである。

● 例文 4-5
　メーカー品の値上げラッシュの中，スーパーの売り場で，メーカー品より割安のプライベートブランド（PB）の販売が急拡大している。PBとは，スーパーなどの小売業者が独自に製品を企画・開発し，メーカーに製造を依頼して，小売業者のブランドを冠した商品であり，食品，日用品，衣類，家電製品などがある。PBはメーカー品に比べ，CMなどの宣伝費や容器や包装を最小限に抑えるため，割安にできる（平成20年4月19日（土）朝日新聞朝刊1面，10面より引用）。

 4.4　問題と結論を書いてみよう！

　2，3章で紹介した「問題」を書くには，柔軟な発想，多角的な視点での発想が必要であった。本章で紹介する「結論」を書くには，記述問題，規範問題のいずれにしろ，何らかの筆者の主張が必要になる。自信を持って公表できる主張は，一朝一夕に形成されるものでなく，知識の蓄積や粘り強い思考を長期間実践して初めて形成される。普段から，図書，メディア，会話などで情報を収集して知識を蓄え，情報に対して自分の意見はどうかを自問自答する習慣をつけるのが望ましい。
　ここでは，「競争」に関して，問題を見出し，その結論を述べてみ

る。**3章**の質問＆回答で紹介したように，1つのテーマ「競争」に対して多くの問題があげられるが，ここでは問題を2つ提起する。一般的には問題，結論の順で考えるが，結論，問題の順で考えるのも1つの方法である。自分の得意な順序でよい。

◉例文 4-6
　テーマ：競争
　問題 1
　問題：競争は生産的といえるか。
　結論：競争は互いを向上させる意味で生産的である。
　問題 2
　問題：日本は競争社会といえるか。
　結論：欧米と比較すれば競争社会といえない。むしろ同調社会である。

練習問題 4-2

　上記の**例文 4-6**を参考に，以下の3つの各テーマについて，自由な発想で2つの問題を設定し，結論を考えてみよう。問題が思い浮かばない場合，**3.3.2節**の10個の質問＆回答を使ってみよう。
　①家族
　②幸福
　③教育

練習問題 4-3

　上記の**例文 4-6**を参考に，自由な発想で3つのテーマを設定し，問題と結論を書いてみよう。

4.5 理由の必要性

　問題と結論だけでは，レポートで書くべき最低限の内容を満たさない。レポートでは，結論を導くに至った「理由」を書くことが不可欠である。結論のみでは意見のごり押しであり，レポートは低い評価になる。結論に至るための，説得力のある理由がわかりやすく書かれたレポートに対して，多くの場合は高い評価が与えられる。

5 理由は何か？

5.1 本章のポイント

本章のポイントは，以下のとおりである。
①「理由」とは何かを理解する。
②「理由」を述べる必要性を理解する。
③「理由」を論述する方法を理解する。

5.2 理由の重要性

　理由は，なぜ結論が妥当であるかの根拠に相当する。理由と類似の表現は，根拠，論拠，証拠，証明，エビデンスなどである。理由は，1章で紹介した論理的思考，クリティカル・シンキングのもっとも重要な要素である。

　レポートは，問題と結論だけでは成立しない。結論に至る理由を必ず明記する必要がある。理由が，読み手が書き手の結論を受け入れるか否かを決める手がかりとなる。なぜそのように主張できるのか，考えるのかなど，常に問いを発して理由をわかりやすく書く必要がある。

　概して言えば，レポートでは問題や結論の独創性も重要であるが，理由のほうが評価のポイントとして重要である。レポートの評価にとって，たとえば，結論が死刑制度に賛成・反対のいずれであるかより，賛否の理由がしっかり書けているかどうかが重要になる。

　理由は，説得力がある場合とそうでない場合がある。結論を裏付けない理由を書いても評価されない。読み手が納得するような理由を書くことが大事である。

5.3 理由に該当する情報

　ブラウン・キーリー (2004) によれば，理由に相当するものとして，事実，研究結果，実生活の例，統計，専門家や権威の意見，個人の証言・推薦，暗喩，類推などがある。これらの多くは，筆者の頭だけで考えられないことが多く，文献からの引用に基づく。

　文献を読んで，理由として引用できる内容をレポートの文脈の中でなめらかに論述することは，慣れないうちは難しい。この点については6章で練習する。

 ## 5.4 理由を読み取ってみよう！

　以下の文章を読んで，問題，結論，理由の内容を理解しよう。

●例文 5-1
　勉強は将来へのもっとも効果的な投資である。現在，どれだけ学歴や資格などが高い人材でも，継続して勉強し続け，能力を高め続けることができる人材でなければ社会で評価されない。
問題：勉強は将来に役立つか？
結論：勉強は将来へのもっとも効果的な投資である。
理由：継続して勉強して能力を高める人材が社会で評価される。

●例文 5-2
　日本は少子高齢化社会である。内閣府によれば，日本人女性の合計特殊出生率は，2005年が1.26で戦後最低となり，2006年は1.32と増加に転じた。また内閣府による2005年調査データでは，日本の65歳以上の老年人口の割合は21.5％で，世界でもっとも高くなっている。

引用文献
内閣府：http://www.cao.go.jp/ （平成 20 年 9 月 2 日参照）

問題：日本は少子高齢化社会といえるか？
結論：日本は少子高齢化社会である。
理由：内閣府による，以下の 2 つの理由に基づく。①日本の出生率は，2005 年が 1.26 で戦後最低となり，2006 年は 1.32 と依然低い。② 2005 年調査では，日本の 65 歳以上の人口は 21.5％となり世界でもっとも高い。

練習問題 5-1

上記の**例文 5-1**，**5-2** を参考にして，問題，結論，理由を読み取ってみよう。

●例文 5-3

選挙権は日本国籍を持つ国民のみに与えられるべきである。政治家は，国家，地方，国民の繁栄のために政策を実施する。その恩恵を受ける主体は国民であるため，その担い手を選択するのは国民のみがふさわしい。

●例文 5-4

被選挙権は外国人にも認められることが望ましい。政治家の人材不足の現状を考慮すると，有能でない日本人が政治を司るより，有能な外国人に日本の政治を司ってもらったほうが，日本国民にとって有益である。

5.5 理由を書いてみよう！

以下の結論に対する理由を考えてみよう。1 つの結論を裏付ける理由は 2 つ以上あることが多いが，本章では理由を 1 つに限定して練習していく。

◉例文 5-5
結論：日本人の愛国心は衰退している。
理由：卒業式などの式典などで，国歌斉唱の際に起立を拒む社会人が増えている。国歌に対する敬意は愛国心に基づく。

練習問題 5-2
　上記の例文 5-5 を参考にして，以下の結論に対する理由を自分なりに考えて書いてみよう。

◉例文 5-6
結論１：初等教育に英語教育を導入すべきではない。
結論２：「戦争の放棄，軍備及び交戦権の否認」を定めた憲法９条を改正すべきである。

練習問題 5-3
　上記の例文 5-5 を参考にして，結論とその理由を，２セット書いてみよう。

> ヒント　１つの問題に対して，賛否いずれの妥当性も考えられる場合が多い。たとえば，例文 5-6 の結論１であれば，結論が「初等教育に英語教育を導入すべき」の妥当な理由も考えられる。そのため，レポート作成においては，複数の結論とその理由を考えた上で，いずれの結論のほうに説得力があるかを吟味して論述するのが望ましい。

6 事実は何か？

6.1 本章のポイント

本章のポイントは，以下のとおりである。
① 「事実」とは何かを理解する。
② 「事実」を述べる必要性を理解する。
③ 「事実」を論述する方法を理解する。

6.2 理由を裏付ける事実の重要性

5章での理由は，主として筆者の頭で考えた内容である。レポート作成で，筆者の論理で主張の理由を構築することは大変重要である。しかし，筆者が指摘する理由に対して，はたして本当かどうか，そのように言い切れないのではないかなど，読み手が確証を持てない場合もある。この場合，主張の論拠が弱くなり，主張の説得力が低くなる。そのため，その理由が確かであることを証明する「事実，事例，データ」を示すと，読み手は理由が確かであることを理解し，主張の説得力が高まる。つまり，「理由の理由」として事実を示すことが重要であり，ブラウン・キーリー（2004）は「補助理由」と表現している。

たとえば，近年，マスコミ，政府関係者などが少子化を強く指摘している。では，実際に少子化がどの程度進んでいるのかを知るためには，出生率のデータを知る必要がある。そのためには，少子化データを掲載した文献を引用する必要がある。欲しい情報のありかを迅速に探し当てる技術は，普段から文献収集に慣れている人ほど高いかもしれない。出生率の場合であれば，**例文6-1**のように，毎

年白書で公表している内閣府のウェブサイトから以下のデータを引用して論述する。

◉**例文 6-1**
　内閣府のウェブサイトによれば，日本の出生率は，1975 年に 2.0 を下回り，2003 年には「超少子化国」と呼ばれる水準である 1.3 を下回り，さらに 2005 年には過去最低である 1.26 まで落ち込んだ。

引用文献
内閣府の「平成 20 年度少子化社会白書」: http://www8.cao.go.jp/shoushi/
　whitepaper/w-2008/20webhonpen/index.html（平成 20 年 9 月 15 日
　参照）

　事実に反する理由を述べると，間違った理由を使って結論を導くことになり，結論の妥当性が成立しなくなる。事実，事例，データに基づき，正しく理由を記述する必要がある。
　事実，事例，データの 3 つの違いについて，一人当たりの GDP（国内総生産）の例で簡潔に説明する。ただし，明確に区分できる違いではなく，それぞれの概念の意味は重複している。

①**事実**：過去，現在において起こっている出来事や現象。

◉**例文 6-2**
　日本の 1 人当たり GDP の世界ランキングは低い。

②**事例**：特定のケースにおいて，過去，現在において起こっている
　　　　 出来事や現象。

◉**例文 6-3**
　NIKKEI NET のウェブサイトによれば，シンガポールは積極的

な外資・外国人の誘致策で経済の活性化に取り組んでいる。

引用文献
NIKKEI NET：http://www.nikkei.co.jp/news/main/
　　20080705AT2M0403705072008.html（平成20年9月12日参照）

③データ：図表など，数値で現象の傾向を示したもの。

●例文 6-4
　　社会情勢データ図録のウェブサイトによれば，平成18年の日本の一人当たりGDPは世界で18位である。

引用文献
社会情勢データ図録：http://www2.ttcn.ne.jp/~honkawa/4542.html（平成20年9月12日参照）

●例文 6-5
　　NIKKEI NETのウェブサイトによれば，平成19年のシンガポールの1人当たりGDPが3万5000ドルを超え，日本の約3万4300ドルを抜いた。

引用文献
NIKKEI NET：http://www.nikkei.co.jp/news/main/
　　20080705AT2M0403705072008.html（平成20年9月12日参照）

　事例，データは事実に含めることもできるため，本章では以下，「事実，事例，データ」のことを総称して「事実」と表現する。
　理由を裏付ける事実をレポートで記述する場合，一般的には筆者の持つ知識だけでは記述できず，文献を引用する場合が多い。適切な引用文献を探すことは，時間，手間など多くの労力を要する。通常，すぐに目的の情報が見つからず，情報探索過程で目的以外の多くの情報に接することになる。しかし，この探索過程は目的の情報に関連する多くの情報を収集することにつながり，理由の根拠とな

る事実の検証をより深めることにつながる。労力をいとわずに，理由を裏付ける情報探索にいそしむことが大事である。

6.3　事実を探索して書いてみよう！

5章では，結論を裏付ける理由のみを書いた。本節では，理由を裏付ける事実を加えて，以下の練習問題で，問題，結論，理由，事実の内容を理解しよう。理由と事実は，それぞれ2つ以上のほうが望ましいが，本章の練習においては1つずつでもよい。

問題に対する結論，結論を裏付ける理由，理由を裏付ける事実は，1つではなく複数の回答例が成立する。たとえば，1つの問題に対して複数の結論がありえ，1つの結論に対して複数の理由が考えられ，1つの理由に対して複数の事実が提示できる。特定の結論，理由，事実にとらわれずに，自由な発想で考えてみよう。

●例文 6-6

問題：コンビニの24時間営業を存続させるべきか？

結論：コンビニの24時間営業は存続させるべきである。

理由：コンビニだけ24時間営業の見直しをしても，地球温暖化の大きな抑制効果はない。

事実：環境省のウェブサイトによれば，以下の3点が示されている。1. 平成18年度の日本の温室効果ガスの排出量に占める「業務その他部門」の割合は20%であり，そのうち24時間営業のコンビニの割合は0.2%である。2. 小売業では営業時間を短縮しても開店前閉店後の計2時間程度は準備業務が必要である。3. 品質管理上の問題により，店舗におけるエネルギー使用機器のうち，完全に停止できるのは照明機器程度で，冷凍・冷蔵機器は停止できない。

引用文献

環境省：http://www.env.go.jp/council/06earth/y060-69/mat01.pdf （平成20年9月12日参照）

練習問題 6-1

上記の**例文 6-6** を参考にして，引用文献を用いて事実を引用し，以下の**結論**を導くための**理由**と**事実**を書いてみよう。

●例文 6-7

問題：世界に対する日本の経済競争力は，年々低下しているか？

結論：世界に対する日本の経済競争力は，年々低下している。

練習問題 6-2

上記の**例文 6-6** を参考にして，引用文献を引用して，以下の**問題を解決する**ための**結論**，**理由**，**事実**を書いてみよう。

●例文 6-8

問題：小売店のレジ袋を少なくするにはどうすればよいか？

練習問題 6-3

上記の**例文 6-6** を参考にして，引用文献を引用して，**自由**に問題を設定し，**結論**，**理由**，**事実**を書いてみよう。

7 引用の方法①
出典の表記方法

7.1 引用とは？

　レポートは，筆者の主張が最初にあり，その主張に基づき，筆者が持っている知識を使って文章を書く。その際，筆者の主張の説得力を高めるために，引用文を加筆する。引用とは，他人が公表した情報を借りてレポート本文に加筆することである。

　引用のない，筆者の文章だけで書いたレポートもある。しかし，文字数の多いレポート課題の場合，筆者の持っている知識のみでレポートを作成することは難しく，引用文を加筆することになる。

7.2 引用の意義

　一人の人間が持っている知識は，世間で公表されている情報に比べて，質，量ともに微々たるものである。自分の知識の範囲内でレポートを作成するより，世間で公表されている膨大な情報から，自分の主張を読者に説得するための情報を探し出して引用文としてレポートに加筆したほうが，主張の説得力が格段に高まる。

　もちろん引用文献を探す過程で，筆者の主張を覆す情報に出くわすときも少なくはない。そのとき，最初に考案した主張を堅守するための理論武装として他の多くの引用文献を探すのも１つの方法である。しかし，説得力のあるレポートを作成することが重要な目的なので，最初に考案した主張に固執せずに変更するのも１つの方法である。

　ただし，過度な引用により，引用文が主であるレポートに陥らないように注意を要する。筆者が考えた骨組のない引用文だらけのレ

ポートより，引用文なしで筆者の主張のしっかりしたレポートのほうが評価は高い。文献に書いてある内容を要約してまとめただけの文書は，レポートでなくレジメである。

本書で紹介した問題，結論，理由のうち，問題と理由の内容に関して引用文を加筆すると説得力が高まる。特に理由について適切に文献を引用することで，筆者の主張の説得力が高まる。

7.3 必要な引用文献の探索

必要な引用文献を探し出すには，たいていの場合，相当な期間を要する。これを見越して，引用文献の探索は余裕を持って早めに着手する必要がある。

必要な引用文献の探索方法として，たとえば以下のものがある。
・自分の持っている知識
・図書館に行って図書を探索
・図書館の検索サイトで図書を検索
・Yahoo! などの検索サイトでウェブサイト上の情報を探す
・国立情報学研究所の論文情報ナビゲータ（CiNii）で学術論文を探す
・担当教員に文献を紹介してもらう

7.4 引用で不可欠なルール

引用文は他人からの借り物であり，借りる際のルールを順守する必要がある。ルールを破ると，他人が収集した情報を借りるのではなく盗んだことになり，盗用・剽窃となって著作権法を侵害することになる。逆に，ルールさえ順守すれば，引用することは法律上認められる。e-Gov の著作権法に関するウェブサイトによれば，著作権法の第32条1項で，「引用」について以下のように表記されている。

公表された著作物は，引用して利用することができる。この場合において，その引用は，公正な慣行に合致するものであり，かつ，報道，批評，研究その他の引用の目的上正当な範囲内で行なわれるものでなければならない。

　レポート作成における引用の場合，順守すべきルールは以下の3つである。
　①レポート本文の中で，どの文章が引用で，どの文章が筆者の文章であるかを，読み手が明確に区別できる。
　②筆者の文章が主，引用文が副のレポートである。
　③引用した情報の出典を漏れなく明記する。
　②は，ルールを順守する姿勢を持てば，容易に順守できる。③は，ルールを理解すれば完璧に順守できる。しかし，①はルールを知っていても，きちんと順守するにはレポート作成の技法が必要になる。①を順守しながら，必要な個所に引用文を加筆して，レポート全体の流れを筋道立てて論述することは，一定期間の練習を要する。読み手が，この文章は筆者の文章か引用文かの判別が難しいと思う場合，正しい引用文の表記とはいえない。レポートの書き始めの頃は，筆者の文章と引用文献の文章の区別が明確に理解しにくい，あるいは，両者の文章がなめらかにつながっていない場合が多い。しかし，筋道立てた論述を損なってでも，必ず①は順守しなければいけない。
　以下，上記の①，③の具体的な引用方法について，それぞれ7.5節，7.6節で説明する。

7.5　引用文の加筆方法

　引用の文章の書き方は，主に2つある。いずれの方法も，著者の苗字と出版された年号を引用文と一緒に明記し，どの文章がどの文献からの引用であるか，読み手に明確にわかるように記述する。

7.5.1 筆者の文章表現による引用

　文献の内容を，筆者による文章表現に直して紹介する。引用文の分量は，筆者が文献について紹介したい詳細さに依存する。1行のみの場合もあれば，数行にわたる場合もある。

　注意すべき点は，文献の内容を歪めて引用しないことである。筆者の都合の良いように解釈して引用しないように注意を要する。加筆しようとする引用文を読んで，著者の意図する内容と合致しているかどうか確認する必要がある。著者の意図と合致しない内容を引用文として加筆すると，そのレポートが公表された場合，著者から「私はそんなことを述べていない。歪曲して引用してもらっては困る」と批判される可能性がある。筆者はきちんと引用しているつもりでも，著者が不本意な引用と判断すれば，このような批判は起こりうる。

　本節では，引用文が1文の場合と，2文以上続く場合で説明する。

①**引用文が1文の場合**

　苗字・年号を書く位置は，引用文の最初の場合と最後の場合がある。

◉**例文 7-1**

　　知覚された図形の形状情報に関して，酒井（2001）によれば，視覚短期記憶では図形の正確な形状が忘却される。

◉**例文 7-2**

　　知覚された図形の形状情報に関して，視覚短期記憶では図形の正確な形状が忘却される（酒井，2001）。

　例文 7-2 の場合，「知覚された図形の形状情報に関して，」の文章は，引用か筆者の文章のいずれか読み手は明確に区別できない。そのため，上記の2つの例文の場合，**例文 7-1** の表記のほうが適切で

ある。このように，引用の文章と筆者の文章の違いを明確に区別できる文章表現に留意する必要がある。

例文 7-1 で使われている「……によれば」以外にも多くの表現があり，その一例を示す。特に決まった表現はなく，どの箇所の文章が引用であるか明確にわかりさえすればよい。

●**例文 7-3**
　知覚された図形の形状情報に関して，酒井（2001）は，視覚短期記憶では図形の正確な形状が忘却されると述べている。

②**引用文が2文以上続く場合**
　2文とも引用文であることを読み手が明確に理解できるようであれば，苗字・年号の表記は1ヶ所のみでよい。

●**例文 7-4**
　知覚された図形の形状情報に関して，酒井（2001）によれば，視覚短期記憶では図形の正確な形状が忘却される。複雑な図形の場合，より忘却率が高く，リハーサルなどの戦略をとっても大きく忘却する。

例文 7-4 の場合，2文目は酒井（2001）での実験結果に関する引用文であることを，読み手は明確に理解できると想定できる。そのため，2文目の最初あるいは最後には，酒井（2001）の表記を省略して問題ない。

いっぽう，出典の苗字・年号を表記しない文章が，引用文か筆者の文章のいずれであるか，読み手が明確に理解できないと想定できる場合，以下のように1文ごとに苗字・年号を明記する。

●**例文 7-5**
　知覚された図形の形状情報に関して，酒井（2001）によれば，

視覚短期記憶では図形の正確な形状が忘却される。酒井（2001）によれば，図形の正確な形状は，空間周波数の高い形状情報の成分とみなせ，パターン認識などでは必要でない成分とみなされることが多い。

例文 7-5 の場合，2 文目は形状の認知に関する一般的な知見であるため，読み手は，筆者の文章であるか，酒井（2001）の引用であるか，明確に区別できない。そのため，2 文目にも苗字・年号を表記する必要がある。

上記の**例文 7-5** のように，レポート本文中に何か所も，引用文献の苗字・年号を表記するのは，見栄えがよくない。2 文以上の引用文が続く場合，上記の**例文 7-4** のように，1 ヶ所の苗字・年号の表記のみで，読み手が引用文と筆者の文章の区別を明確につけられるような文章表現や論述方法を工夫する必要はある。しかし，1 文ずつ苗字・年号を書かないと読み手が明確に区別できない場合，読者が引用文と筆者の文章がいずれであるのかという混同を引き起こすより，1 文ごとに苗字・年号を書くほうがはるかに良い。

7.5.2　文献から一字一句をそのまま引用

7.5.1 節のように，筆者が文章表現を修正して引用するのが一般的である。いっぽう，文献の内容を一字一句，表現を変えずにそのまま引用することもある。引用文の長さにより，引用の表記方法が異なる。

①引用文が短い場合

通常，引用文を「」でくくる。「」内の文章表現は一字一句，著者の表現を変えずに引用する。文献で書かれた文章表現のままで筆者が引用したい場合に使う。

●**例文 7-6**

　知覚された図形の形状情報に関して，酒井（2001）は，「図形

の類似度は図形の再認に大きく影響する」と指摘している。

●例文 7-7
　知覚された図形の形状情報に関して,「図形の類似度は図形の再認に大きく影響する」(酒井, 2001)。

②引用文が長い場合
　引用文が長い場合,通常は以下のように段を下げて引用文を書く。

●例文 7-8
　酒井・山本 (2008) は,感性の個人差について以下のように述べている。
　　個人差が生じる要因として,個人の過去経験,パーソナリティ,価値観などが考えられる。パーソナリティは,たとえばビッグファイブ (Big Five) など定量化できる測定法があるため,感性に及ぼす影響を定量化することは可能であろうが,過去経験や価値観などを独立変数として感性データを説明することは大変難しいと思われる。たとえば,4種の衣服カラーのうち,回答者Aは白が,回答者Bは黒がもっとも優雅であると評価した場合,その違いを回答者AとBの過去経験や価値観の違いから説明するのは非常に難しいことが想像できよう。

　分量が多いレポート課題の場合,②の引用方法も使うことはある。しかし分量の多くないレポート課題の場合,①のほうが②の引用方法より一般的である。

7.6　孫引き

　孫引きとは,広辞苑によれば,他の書物に引用されたものを,原

典にさかのぼって調べることなく，そのまま引用することである。
孫引きの実際例を示す。

● 例文 7-9

　<u>松山（1997）は，感性情報の特性として，主観性，多義性，曖昧性，多角性，状況依存性を指摘した</u>。これらの特性ともおおいに関連するが，感性の特徴でもあり，研究する際の難しい側面を 3 点指摘する。

酒井・山本（2008）の文献に下線部の文章が書かれている場合，筆者が酒井・山本（2008）の文献を読んで下線部を引用すると孫引きになる。つまり，松山（1997）の知見を，松山（1997）の文献を読まずに酒井・山本（2008）を読んで引用すると孫引きになる。
　レポートで孫引きする場合，以下のように表記する。

● 例文 7-10

　酒井・山本（2008）によれば，松山（1997）は，感性情報の特性として，主観性，多義性，曖昧性，多角性，状況依存性を指摘した。

引用文献には，酒井・山本（2008）の出典のみ表記し，実際には読んでいない松山（1997）の出典は表記しない。
　孫引きは，著作権法上は問題ない。しかし，学術の世界では孫引きは認められない。筆者は，原典を読んで引用すべきである。上記の **例文 7-9** で下線部を引用したい場合，実際に松山（1997）を読んだ上で，酒井・山本（2008）の文献で記述された表現でなく，筆者なりの表現で記述する必要がある。松山（1997）の文献が入手困難な場合，孫引きせずに他の関連文献で代用するほうが適切である。

7.7 引用文献の表記

レポートで引用しうる文献は，多様である．本節では，レポート作成でよく使う引用文献の種類と，その表記方法を紹介する．

7.7.1 図書

専門家・研究者だけでなく，一般市民向けにも書かれた出版物である．著者が担当するページや，和書か翻訳書かにより，以下のように表記方法が異なる．

①著者が図書の全ページを執筆の場合

出典に関して明記すべき情報は，

著者名，出版年，図書名，出版社

などであり，たとえば以下のように明記する．

> 酒井浩二・森下正修・松本寛史 2007『今すぐ体験！パソコンで認知心理学実験』ナカニシヤ出版

図書名は通常，『』でくくる．

②著者が図書の一部のページを執筆の場合

出典に関して明記すべき情報は，

著者名，出版年，原稿のタイトル，編者，図書名，出版社，ページ番号

などであり，たとえば以下のように明記する．

> 酒井 浩二・山本 嘉一郎 2006 「主観的な意思決定から合理的な意思決定へ」京都光華女子大学人間関係学部人間関係学科編 『ひと・社会・未来 ライフサイクルの人間科学』 第9章，ナカニシヤ出版，pp.157-175.

原稿のタイトル名は通常，「」でくくる．

③翻訳書の場合

出典に関して明記すべき情報は,

日本語で表現：カタカナで著者名，翻訳者名，出版年，図書名，出版社

に引き続いて

外国語で表現：著者名，出版年，図書名，出版社

を書く。たとえば以下のように明記する。

ニール・ブラウン，スチュアート・キーリー，森平慶司訳 2004『質問力を鍛える　クリティカル・シンキング』PHP（M.Neil Browne, Stuart Keeley 2001 *Asking the right questions: A guide to critical thinking*. Pearson Education）

7.7.2　学術雑誌

主に学会が発行する専門家・研究者向けの専門書である。大学では通常，1年生は講読する機会は少ない。出典に関して明記すべき情報は,

著者名，出版年，論文名，学術雑誌名，巻・号，ページ番号

などであり，表記方法は学術雑誌により異なるが，たとえば以下のように明記する。

酒井浩二・仲野理恵子・山本嘉一郎　2006　AHPによる飲食店Webサイトの視覚デザイン評価. 感性工学研究論文集, 6巻2号, pp.73-78.

7.7.3　ウェブサイト

学術雑誌や図書の場合，しかるべき研究者・専門家が執筆し，また査読者・編集者により十分に内容が吟味されているため，ある程度信頼できる。しかし，ウェブサイトで公開される情報の場合，発信者がテーマについて詳しい専門家であるとは限らず，また事実確認して書かれた内容であるとは限らない。公開されている情報の信

頼性を十分吟味する必要がある。

　出典に関して明記すべき情報は，

　　ウェブサイトのタイトル，URL，アクセス年月日

であり，たとえば以下のように明記する。

京都光華女子大学：http://www.koka.ac.jp/ （平成 20 年 8 月 25 日参照）

7.7.4　新聞

　出典に関して明記すべき情報は，

　　新聞社名，年月日，朝刊か夕刊か，何面か

であり，たとえば以下のように明記する。

朝日新聞，平成 19 年 10 月 3 日（水），朝刊 3 面

---

8 引用の方法②
引用文の加筆方法

8.1 はじめに

7章では，文献の引用に関して知っておくべき事項を説明した。本章では，筆者の文章と引用文を交えて論述する練習をする。引用は，「問題」「理由」で使うことが多く，特に6章で練習したように，理由を裏付ける事実を述べる際に使うことが多い。本章では，引用文献として文章と図表を使って，引用文を加筆して論じる練習をする。

本来のレポート作成過程では，筆者の提起する問題と主張したい結論が先にあって，それを説得するための理由探しとして文献を探す。本章では，これと逆の順序で練習する。つまり，文献の情報が先にあって，その情報を使って導くことができる結論を考える練習をする。

8.2 文章の引用

例文の内容を「事実」のところで引用して，例文に関係する問題，結論，理由，事実を考えて書いてみよう。これは，深く思考を要する課題である。結論，問題，理由，事実の順で書くとよい。例文の事実から導くことできる本質は何かを考えて「結論」を書き，結論に対応する「問題」を書き，結論を裏付ける「理由」を引用文の要点としてまとめ，理由を裏付ける「事実」として引用文の具体的な内容を書く。

● 例文 8-1

平成19年度末の地上デジタル放送の視聴率は，南関東で

38.0%，近畿で31.7%，東海で29.9%と比較的高いいっぽう，四国では20.5%，甲信越は26.2%，中国では26.4%等と低くなっている。地上デジタル放送は，三大都市圏からサービス提供が開始されたこともあり，これらの地域における視聴率が高い傾向にあると考えられる。今後，放送エリアが順次拡大されていくに従い，地方間格差は縮小していくと予想される。

出　典
総務省のウェブサイト「平成20年度　情報通信白書」：http://www.johotsusintokei.soumu.go.jp/whitepaper/ja/h20/index.html　（平成20年8月30日参照）

問題：地方と都会の間で，新たな情報通信技術に対応する早さに差があるか？
結論：地方より都会に住む人のほうが，新たな情報通信技術の推移に迅速に対応している。
理由：地上デジタル放送の視聴率は，地方より都市のほうが高い。
事実：総務省のウェブサイトによれば，平成19年度末の地上デジタル放送の視聴率は，都会の多い地域である南関東で38.0%，近畿で31.7%，東海で29.9%と比較的高いいっぽう，地方の多い地域である四国で20.5%，甲信越で26.2%，中国で26.4%と低い。

練習問題 8-1

上記の**例文 8-1**を参考にして，例文の内容を引用して，以下の例文に関係する問題，結論，理由，事実を書いてみよう。

●例文 8-2

平成15年3月卒業者の就職後3年間の就職状況をみると，中学校卒業者の離職率は1年目48.0%，2年目14.5%（累計

62.5％），3年目 7.9％（同 70.4％）となっており，高等学校卒業者では 1年目 25.1％，2年目 14.3％（同 39.4％），3年目 9.9％（同 49.3％），大学卒業者では 1年目 15.3％，2年目 11.0％（同 26.3％）3年目 9.4％（同 35.7％）となっている。

出　典
内閣府「平成 19 年度版青少年白書」：http://www8.cao.go.jp/youth/whitepaper/h19honpenhtml/html/07yh_mkj.html　（平成 20 年 9 月 2 日参照）

●例文 8-3

　小学校 4 年生から中学校 3 年生までの子どもを持つ親が平日に子どもと接する時間を尋ねたところ，2000 年，2006 年ともに，約 6 割の父親が「30 分くらい」以内と回答しており，平日父親が子どもと接する時間が短いことがうかがえる。特に，「ほとんどない」と回答する人の割合が，2000 年の 14.1％から 2006 年の 23.5％へと大幅に増加する結果となっており，父親の 4 人に 1 人が平日ほとんど子どもと接していないことがわかる。母親については，父親よりも接する時間が長いものの，子どもと接する時間が「30 分くらい」以内と回答した人の割合が 18.5％から 24.4％へと高まっている。

出　典
内閣府「平成 19 年度版　国民生活白書」：http://www5.cao.go.jp/seikatsu/whitepaper/h19/01_honpen/index.html　（平成 20 年 9 月 2 日参照）

●例文 8-4

　夫婦の親と同居している場合と別居している場合の平均出生子ども数を比較すると，同居している場合には平均出生子ども数が 2.05 人であるのに対し，別居している場合には 1.69 人である。同居している場合の方が別居している場合より，子どもを生みやすいことを示唆する結果となっている。親と同居する

ことにより，妻の身体的，精神的な負担が軽減されることが期待できることから，このような同居による子育て負担の軽減が，生まれる子どもの数にも影響を及ぼしている可能性がある。

出 典
内閣府「平成19年度版　国民生活白書」: http://www5.cao.go.jp/seikatsu/whitepaper/h19/01_honpen/index.html　（平成21年7月15日参照）

練習問題 8-2

新聞記事を探し，その記事を読んで，問題，結論，理由，事実を考えて書いてみよう。

8.3　図表の引用

「事実」で図表の内容を引用し，図表に関係する問題，結論，理由，事実を書いてみよう。レポートで引用する文献の内容は，文章だけでなく，図表の場合も多い。図表をそのままレポートに添付する場合より，レポート作成において必要なデータやその傾向を筆者なりに文章化して引用することが多い。

本節では，図表から導くことができる「結論」を考えて書き，それを裏付ける「理由」を図表に基づいて書き，理由を裏付ける「事実」を図表のデータに基づいて書く練習をする。

●例文 8-5

表8-1　年齢別体力テストの結果の年次推移（内閣府より引用）

区分	年齢	性別	S50	S60	H7	H17
握力（kg）	7歳	男子	—	—	—	11.36
		女子	—	—	—	10.55
	9歳	男子	—	—	—	15.18
		女子	—	—	—	14.07
	11歳	男子	21.70	21.08	20.49	20.49
		女子	20.90	20.49	19.98	19.98
	13歳	男子	30.70	31.16	30.44	31.05
		女子	24.30	25.56	23.69	24.14

	16歳	男子	44.50	44.22	42.25	42.02
		女子	29.70	29.03	26.76	26.71
	19歳	男子	—	47.47	45.62	44.21
		女子	—	29.76	27.80	27.31
50m走（秒）	7歳	男子	—	10.30	10.67	10.76
		女子	—	10.68	10.92	11.05
	9歳	男子	—	9.40	9.57	9.69
		女子	—	9.74	9.91	9.97
	11歳	男子	8.80	8.75	8.88	8.95
		女子	9.10	9.00	9.16	9.20
	13歳	男子	7.90	7.90	7.95	7.91
		女子	8.70	8.57	8.76	8.76
	16歳	男子	7.30	7.35	7.45	7.39
		女子	8.70	8.79	9.04	9.02
	19歳	男子	—	7.28	7.29	7.43
		女子	—	8.75	8.92	9.13
持久走（秒）	7歳	男子	—	—	—	—
		女子	—	—	—	—
	9歳	男子	—	—	—	—
		女子	—	—	—	—
	11歳	男子	—	—	—	34.00
		女子	—	—	—	19.90
	13歳	男子	370.70	366.40	379.32	384.73
		女子	275.80	267.11	289.13	286.52
	16歳	男子	354.00	357.35	377.08	378.01
		女子	286.20	288.48	311.33	378.01
	19歳	男子	—	371.08	381.85	403.20
		女子	—	294.28	304.61	313.87
ボール投げ（ｍ）	7歳	男子	—	15.37	13.28	13.08
		女子	—	8.80	8.08	8.01
	9歳	男子	—	25.13	22.05	21.92
		女子	—	14.22	12.58	12.55
	11歳	男子	34.00	33.98	30.42	29.80
		女子	19.90	20.52	17.47	17.81
	13歳	男子	22.60	22.10	21.86	22.43
		女子	15.40	15.36	14.36	14.05
	16歳	男子	27.80	27.86	26.13	26.25
		女子	16.90	16.37	14.61	14.52
	19歳	男子	—	29.54	28.24	26.50
		女子	—	17.24	16.25	14.04

（注）ボール投げは，7・9・11歳はソフトボール投げ，13・16・19歳はハンドボール投げ
資料：文部科学省「体力・運動能力調査」より作成

出 典
内閣府「平成19年度版青少年白書」：http://www8.cao.go.jp/youth/whitepaper/h19honpenhtml/html/07yh_mkj.html　（平成20年9月2日参照）

　　問題：学校教育の問題として何があるか？
　　結論：学校体育での体力育成を強化すべきである。

理由：生徒の体力は年々低下している。
事実：内閣府のホームページによる，昭和50年から平成17年までの過去4回の握力，50m走，持久走，ボール投げの測定結果より，小学生から高校生のいずれの学年の体力も低下している。

練習問題 8-3

上記の**例文 8-5**を参考にして，図表に関係する問題，結論，理由，事実を書いてみよう。

●例文 8-6

我が国では父親が平日子どもと過ごす時間が少ない

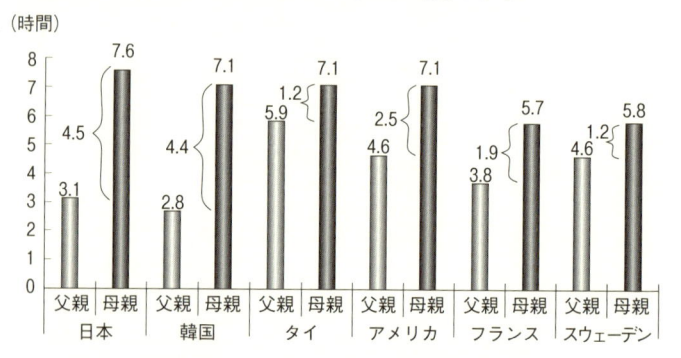

(時間)

	日本		韓国		タイ		アメリカ		フランス		スウェーデン	
	父親	母親	父親	母親	父親	母親	父親	母親	父親	母親	父親	母親
	3.1	7.6	2.8	7.1	5.9	7.1	4.6	7.1	3.8	5.7	4.6	5.8
差	4.5		4.4		1.2		2.5		1.9		1.2	

図 8-1　平日親が子どもと過ごす時間の国際比較（内閣府より引用）

(備考)
1. 独立行政法人国立女性教育会館「家庭教育に関する国際比較調査」(2006年) により作成。
2. 各値は小数点以下第2位を四捨五入している。
3. 回答者は，0～12歳までの子どもと同居している親，またはそれに相当する人 (1世帯で一人)，日本1,013人，韓国1,009人，タイ1,000人，アメリカ1,000人，フランス1,001人，スウェーデン1,026人。

出　典
内閣府「平成19年度版　国民生活白書」：http://www5.cao.go.jp/seikatsu/whitepaper/h19/01_honpen/index.html　（平成20年9月2日参照）

●例文 8-7

夫が家事・育児を分担すると妻の子どもを持つ意欲は高まる

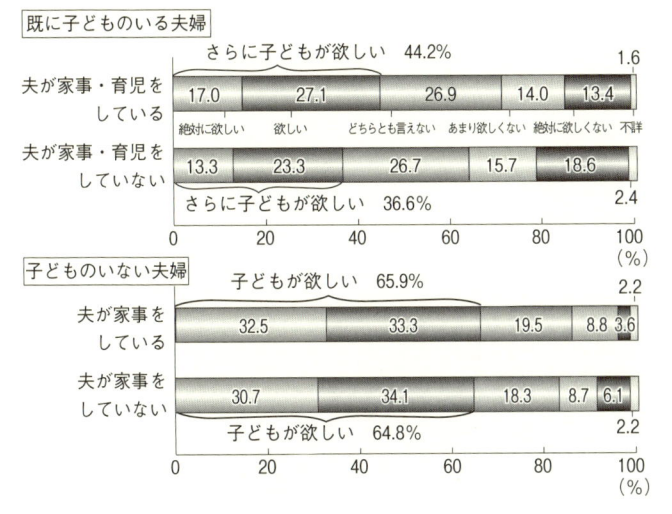

既に子どもいる夫婦

夫が家事・育児をしている： さらに子どもが欲しい 44.2%
- 絶対に欲しい 17.0
- 欲しい 27.1
- どちらとも言えない 26.9
- あまり欲しくない 14.0
- 絶対に欲しくない 13.4
- 不詳 1.6

夫が家事・育児をしていない： さらに子どもが欲しい 36.6%
- 13.3
- 23.3
- 26.7
- 15.7
- 18.6
- 2.4

子どものいない夫婦

夫が家事をしている： 子どもが欲しい 65.9%
- 32.5
- 33.3
- 19.5
- 8.8
- 3.6
- 2.2

夫が家事をしていない： 子どもが欲しい 64.8%
- 30.7
- 34.1
- 18.3
- 8.7
- 6.1
- 2.2

図 8-2　夫の家事・育児分担の有無別にみた妻の子どもを持つ意欲 (内閣府より引用)

(備考)
1. 厚生労働省「第1回21世紀成年者横断調査」(2002年) により作成。
2. 妻に対して，「あなたの配偶者は普段家事・育児を行なっていますか。」，「子どもが (もう1人) 欲しいと思いますか。あてはまる番号1つに○をつけて下さい。」と尋ねたものである。
3. 端数処理の関係上，個別の項目の合計と「子どもが欲しい」割合が一致しないことがある。
4. 集計対象は，夫および妻の双方から回答を得られた夫婦 5,207 組である。

出 典

内閣府「平成19年度版　国民生活白書」：http://www5.cao.go.jp/seikatsu/whitepaper/h19/01_honpen/index.html （平成20年9月2日参照）

● 例文 8-8

両立支援制度の利用は仕事の進め方を見直すきっかけになっている

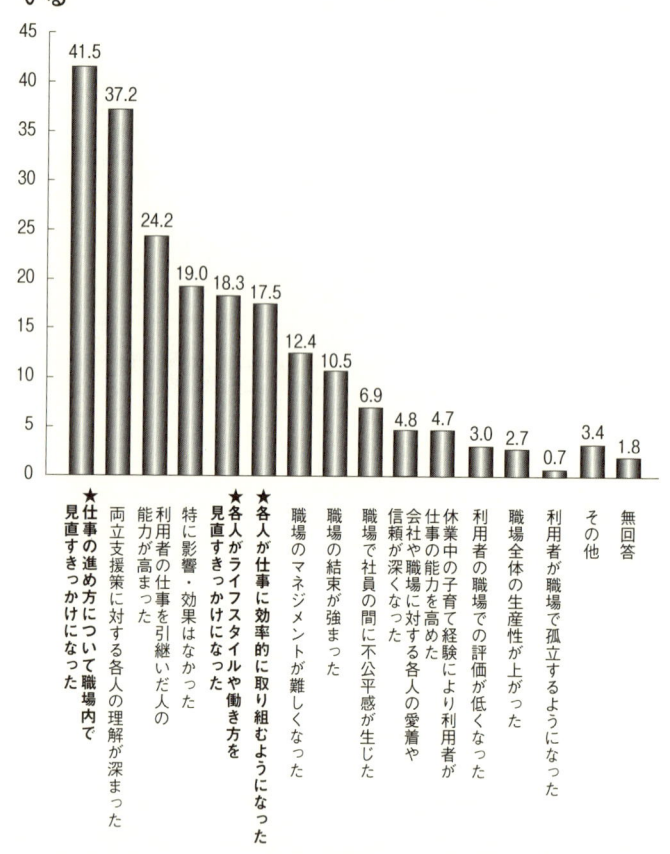

値	項目
41.5	★仕事の進め方について職場内で見直すきっかけになった
37.2	両立支援策に対する各人の理解が深まった
24.2	利用者の仕事を引継いだ人の能力が高まった
19.0	特に影響・効果はなかった
18.3	★各人がライフスタイルや働き方を見直すきっかけになった
17.5	★各人が仕事に効率的に取り組むようになった
12.4	職場のマネジメントが難しくなった
10.5	職場の結束が強まった
6.9	職場で社員の間に不公平感が生じた
4.8	信頼が深くなった会社や職場に対する各人の愛着や
4.7	休業中の子育て経験により利用者が仕事の能力を高めた
3.0	利用者の職場での評価が低くなった
2.7	職場全体の生産性が上がった
0.7	利用者が職場で孤立するようになった
3.4	その他
1.8	無回答

図 8-3　育児休暇支援制度，短時間勤務制度の利用による職場への具体的な影響
(内閣府より引用)

(備考)
1. 少子化と男女共同参画に関する専門調査会「管理者を対象とした両立支援策に関する意識調査」(2005 年) により作成。
2. 「利用者が『育児休業制度』や『育児のための短時間勤務制度』を利用したことにより，あなたの管理する職場全体でみた場合にどのような影響がありましたか。(〇はいくつでも)」と尋ねた問に対し，回答した人の割合。
3. 回答者は，企業において両立支援策を利用した社員がいる部門の管理者 764 人。

出 典

内閣府「平成 19 年度版　国民生活白書」：http://www5.cao.go.jp/ seikatsu/whitepaper/h19/01_honpen/index.html　（平成 20 年 9 月 2 日参照）

8.4　複数の出典

レポート作成では，分量が多い場合，2 つ以上の文献を引用することが多くなる。本節では，2 つ以上の出典がある場合で，引用する練習をする。以下の 2 つの例文に関係する問題，結論，理由，事実を書いてみよう。その際，「事実」で 2 つの例文の内容を引用しよう。

●例文 8-9

　●例文 8-9-1　　これらの就業形態について収入の観点から概観するため，総務省統計局「労働力調査（詳細集計）」により年収分布を見ると，正規の職員・従業員は，「300 〜 399 万円」がもっとも高く約 2 割を占めているいっぽう，パート・アルバイトでは年収 100 万円未満が半数を超え，年収 200 万円未満が約 9 割を占めており，派遣社員や契約社員・嘱託等では，「200 〜 299 万円」が約 3 割を占めている。

出 典

厚生労働省「平成 20 年度　厚生労働白書」，第 2 章，p.52：http://www. mhlw.go.jp/wp/hakusyo/kousei/08/dl/04.pdf　（平成 20 年 9 月 2 日参照）

　●例文 8-9-2　　就業形態別に職業能力開発の実施状況について聞いたところ，正社員については，「計画的な OJT」を実施している事業所の割合は 52.2%，「OFF-JT」では 63.1% となっている。いっぽう，パート・アルバイトでは，計画的な OJT，OFF-JT ともに実施している事業所の割合は 2 割程度にとどまっている。

出　典
内閣府「平成 19 年度版　国民生活白書」：http://www5.cao.go.jp/
seikatsu/whitepaper/h19/01_honpen/index.html　（平成 20 年 9 月 2
日参照）

問題：正社員，派遣社員，パートなど，就労形態により大きな
格差が生まれるか？

結論：就労形態により大きな格差が生まれ，正社員としての採
用がもっとも将来性がある。

理由 1：一般に，正社員は派遣社員，パートなどの就労形態よ
り年収が高い。

事実 1：厚生労働省のホームページによれば，年収分布は，正
規の職員・従業員は，「300 〜 399 万円」がもっとも高
く約 2 割を占めているいっぽう，パート・アルバイト
では年収 100 万円未満が半数を超え，年収 200 万円未
満が約 9 割を占め，派遣社員や契約社員・嘱託等では，
「200 〜 299 万円」が約 3 割を占めている。

理由 2：一般に，正社員は派遣社員，パートなどの就労形態よ
り，能力開発の機会をより多く持つ。

事実 2：内閣府の平成 19 年度国民生活白書によれば，2005 年
の調査で，計画的な OJT と Off-JT の実施は，正社員に
対してはそれぞれ 52.2%，63.1% であるのに対して，パ
ート・アルバイトに対してはそれぞれ 2 割程度である。

引用文献
厚生労働省「平成 20 年度　厚生労働白書」，第 2 章，p.52：http://www.
mhlw.go.jp/wp/hakusyo/kousei/08/dl/04.pdf　（平成 20 年 9 月 2 日参
照）
内閣府「平成 19 年度版　国民生活白書」：http://www5.cao.go.jp/
seikatsu/whitepaper/h19/01_honpen/index.html　（平成 20 年 9 月 2
日参照）

9 重要な語句を定義する

9.1 本章のポイント

本章のポイントは以下のとおりである。
①文章の理解にとって重要な語句を正確に理解する。
②重要な語句を明確に定義する方法を理解する。
③重要な語句を明確にすることで,「問題」が明確になることを理解する。

9.2 語句の定義の重要性

語句があいまいであるとは,語句が漠然としているため,多様な意味に解釈・定義できることである。今までの章で紹介した,問題,結論,理由,事実のいずれも,あいまいな語句が含まれていると,レポートの論点がぼやけてしまう。筆者は,問題を明確にし,妥当な理由をふまえて結論をはっきりさせたつもりでも,読者は明確に理解できなくなる。読者だけでなく,筆者自身,実はきちんと理解できていないことも多い。

そのため,レポートで重要な語句を明確に定義する必要がある。北岡(2003)によれば,言葉を定義するとは,言葉をわかりやすく使って,その言葉の概念を定めることである。定義により,何が問題になっているか,何に焦点を当てる必要があるか,などの方向性がはっきりしてくる。方向性が明確になると,文章も論理的に書きやすくなる。北岡(2003)は,「言葉の定義なくして論理なし」と述べている。

あいまいな語句の一例として,「教育の質」をテーマにあげてみる。

幼稚園から大学院のいずれの課程でも，教育の質を常に高めることは当然必要である。レポートの結論が，たとえば「教育の質を高めるべきである」であれば，言うまでもなく当然のことであり，レポートの結論として適切でない。こうした不適切な結論に陥らないためにも，レポート作成の冒頭の段階で，「教育の質」とは何かを明確に定義する必要がある。単位認定のハードルを高くする，カリキュラムを体系化する，有為な社会人を育成する，学習意欲が高まる授業を提供するなど，教育の質を高める方向性は多様である。教育理念が学校により異なるのと同様，どの方向性が教育の質であるなど，唯一正しい定義はない。筆者自身が考える妥当な定義を，読み手が一義的に解釈できるように記述する必要がある。教育の質についてレポート作成する場合，まずこの語句について明確に定義しないと，教育の現場で具体的に何をすべきかが見えない抽象論に陥り，生産的なアイデアが生まれなくなる。

定義は大変難しく，頭を悩ます。しかし，定義を明確にすることは，2章，3章の「問題」の論点を明確にすることと密接につながり，レポート作成の重要な作業である。

9.3 あいまいな語句は何か？

以下の文章で，あいまいな語句を探してみよう！

◉例文 9-1

社会に及ぼすインターネットの影響力が非常に高くなってきたため，総務省がインターネットに規制を設けることを検討している。いっぽう，表現の自由がなくなるなどの見方がある。規制に関する客観的な基準作りが課題となる（平成19年12月7日（金）朝日新聞朝刊9面より引用）。

あいまいな語句：

「**影響力**」：どんな影響か？　どの程度の影響か？　影響の内容や程度により，規制の方法も異なる。

「**規制**」：どんな規制か？　誰に対する規制か？　規制の内容や対象者により，筆者の主張する賛否も異なる。

「**表現の自由**」：表現の具体的内容は？　自由とはどこまでの範囲か？

「**客観的な基準**」：どんな基準か？

　上記の**例文 9-1** の内容が間違っているというわけではなく，文章の内容自体は正しい。しかし，あいまいな語句が多いため，内容が漠然としている。

　レポートでは，筆者が辞典や文献を参考にしながら，自分が妥当と考える定義を，読み手にわかりやすく書く必要がある。ただし，**例文 9-1** のすべてのあいまいな語句を定義する必要はない。すべて定義していると，レポートの本文が定義だらけになり，逆に全体の論点がぼやける。レポートでキーワードになる重要な語句に絞って簡潔に定義するのが理想的であろう。

練習問題 9-1

　上記の例を参考にして，自由な発想で，以下の文章の中であいまいな語句を 1 つ探してみよう。

●**例文 9-2**

　平成 20 年に，警視庁が 3 人乗りを「禁止行為」と明記する。警視庁は直ちに交通違反切符を切ることを考えていない。親たちの反発は強いが，3 人乗りは不安定で事故の危険性が高い（平成 20 年 3 月 11 日（火）朝日新聞朝刊 23 面より引用）。

● 例文 9-3

　保育園は，規制緩和で設備の質の格差が問題になっている。狭い調理室，保育士の休憩場がないなど，設備の良くない保育園が多い。保育園の選択の余地が多くない状況で，共働きの親にとって大きな問題となる（平成19年11月27日（火）朝日新聞朝刊3面より引用）。

● 例文 9-4

　採用から1年間の教員試用期間中に，指導力不足などを理由に，京都市教育委員会から分限免職処分を受けた元小学校教諭の男性が，処分取り消しを求めて訴訟した。判決は，違法として京都地検は処分取り消しを命じた。なお，分限免職は，職務への適格性などを理由に降任や休職などを命じる分限処分の1つである（平成20年2月29日（金）朝日新聞朝刊33面より引用）。

9.4　語句の定義方法

　ブラウン・キーリー（2004）によれば，語句の意味は，①同義語，②例，③具体的な特徴，の3つの方法で示されることが多く，①，②では不十分で③を明確化する必要がある。この考え方を参考にして，以下の点順であいまいな語句の定義を行う。

①辞書・事典を引く
②具体例を考える
③①，②を参考にして，一義的な定義を吟味する

　語句の定義の最終的な目標は，上記の③であり，一義的に解釈できるように言語表現することである。以下の例文で，語句の定義の実際例を紹介する。

● 例文 9-5

　テレビ局はメディアの公共性を重視して放送すべきである。

①広辞苑によれば，公共性は「広く社会一般に利害や正義を有する性質」と定義される。
②具体例を考える。
例1：裁判の判決に対して，弁護側と検察側の両方の視点に基づく解説を放送する。
例2：国民の知性を低めたり風紀を乱したりする低俗な番組を排除する。
③いくつかの質問＆回答で考える。
質問1：テレビは誰のためか？
回答1：視聴者である。
質問2：テレビ番組の内容に備えるべき事項は何か？
回答2：視聴者に利益を与える。
以上より，公共性を「視聴者に利益を与えること」と定義する。
解説：「利益」は広い意味を含むが，具体的な言葉である。視聴者は老若男女といろんな人が対象であり，テレビ番組には子ども番組，ニュース，スポーツなどさまざまな番組がある。しかし，共通点としては，暇つぶしも含めて，情報収集，感動，面白さ，学習など，視聴者はテレビを視聴して何らかの利益を得ている。公共性を上記のように定義することで，誰に，どんな利益を与えているか，あるいは与えるべきかを考えることができる。この基準が明確になれば，現代のテレビ番組が公共性を備えているどうかを考察することができる。

練習問題 9-2

上記の**例文** 9-5 を参考にして，下線のあいまいな語句を，辞書・事典などを利用した上で，自分なりに文章の文脈に沿って定義してみよう。

●**例文** 9-6

現代の日本には，家庭での<u>道徳教育</u>の徹底が必要である。

練習問題 9-3

上記の**例文 9-6** を参考にして，あいまいな語句が含まれる文章を探し，辞書・事典などを利用した上で，自分なりに文章の文脈に沿った定義を考えてみよう。

9.5 まとめ

あいまいな語句を使うと，レポートの問題の論点が定まらず，漠然とした論述になりやすい。レポートでキーワードになる重要な語句は，必ず定義する。辞書・事典で調べ，具体例を検討した上で，レポート本文では一義的な定義を記述する。書く，話す上で，あいまいな語句がないかを常に吟味し，明確な表現を使うように心がける。

Part 2
レポート作成の手順

レポートの構成　　Part 2 では，Part 1 で紹介した基礎的な思考法を使って，序論，本論，結論の全体構成で，レポート作成に向けて取り組んでいく。Part 2 の各過程を進めることで，実際に良いレポートを完成させる。

10 テーマの設定

10.1 本章のポイント

本章のポイントは以下のとおりである。
①レポートのテーマの選び方を理解する。
②検討するテーマの意義を理解する。

10.2 テーマとは？

テーマとは,広辞苑によれば「主題」のことであり,レポートの場合,検討する内容の枠組みを意味する。

2,3章で紹介した「問題」は,テーマの中の1つの論点である。テーマは問題より広い枠組みである。たとえば,京都光華女子大学で開講されている,科目名とそのテーマを紹介する。

「臨床心理学A」：臨床心理学について体系的に学ぶ
「発達心理学A」：個体発達の生物学的側面を学ぶ
「メディア情報論B」：社会学的観点から情報社会論を学ぶ

各科目で,受講生に伝えたい,習得してもらいたい枠組みがあり,それがテーマに相当する。テーマに関する多くのトピックスのうちから1つを選び,問題点を絞って設定すると,レポートのタイトルになりうる。

10.3 テーマの要件

大学のほとんどの科目ではテーマが設定されており,授業でレポ

ートのテーマが与えられることが多い．この場合，当然，設定されたテーマに即してレポート作成する必要がある．しかし，テーマは自由と設定される場合もある．この場合，テーマは何でもよいわけではない．レポートのテーマとすべき最低限の要件として，以下の3つを紹介する．

10.3.1 論じる意義がある

レポート作成で検討するうえで，何らかの学術的・社会的・実用的な意義・価値があるテーマを設定する．端的にいえば，知的なテーマである．以下，3つの方面の意義について簡潔に説明する．

①**学問的**：特定の学問分野で検討されたり，提起されたりしている問題である．主に，学問分野の知見を引用して論述する．

テーマ例：エピソード記憶

過去の体験をいかに記憶保持して，必要な際に思い出すことができるか，経験則を抽出できるかなどについては，認知心理学の学問分野で重要なテーマとなる．

②**社会的**：新聞記事などに代表される，社会での時事問題である．

テーマ例：延命医療

医学，法律などいろんな学問分野にまたがるテーマであり，社会的な時事問題でもある．人間の生命，尊厳死，看護，生きがいなどが関係し，深く考えるべき重要なテーマとなる．

③**実用的**：実践するための方法や問題である．

テーマ例：プレゼンテーションの方法

人前で発表することは，情報収集，話の流れの組み立て，話し方，ジェスチャー，聴衆への配慮など，多くの重要なポイントがあり，発表効果を高めるために重要なテーマとなる．

逆に，レポートのテーマとなりにくい例を紹介する．

テーマ例：自分の趣味

個人の好みの問題であり，自己紹介ならよいが，論理的に考えるレポートのテーマにはならない．多くの人にとっての，学問的，社

会的，実用的な価値・意義がない。同じ趣味でも，たとえばテーマ例が「趣味の効果」であれば，趣味を持つことによる生活の充実感の向上や経済の活性化など，意義・価値のあるレポートのタイトルが設定できる。

10.3.2　論述できる範囲内の内容

レポートで筆者が論述しきれるテーマを設定する。そのため，ある程度，筆者に予備知識のあるテーマが適切で，高度に専門的なテーマは適切でない。執筆のための情報収集だけでも膨大な労力が必要になり，筆者の主張をレポートに反映させにくくなる。

テーマ例：脳の解剖学

授業が脳の解剖学に全く関係なく，筆者もそれに関して専門知識がない場合，専門的なテーマであるため論述するのが難しくなる。文献の引用を中心とした，筆者の主張がほとんど含まれないレポートに陥りやすくなる。

10.3.3　問題意識の高い内容

レポート作成には時間，労力を要し，作成の動機づけを持続させるためには，自分が強い問題・関心を持つテーマであることが望ましい。たとえば，詳しく知りたい，なぜそのようになっているか，こうすれば改善できる，この点は問題がある，などの問題意識である。そうした問題意識から，具体的に論じる方向性が定まり，レポートの構成が明確化されていく。

練習問題 10-1

上記の例を参考にして，①学問的，②社会的，③実用的のうち，いずれか，あるいは複数の意義のあるレポートのテーマを，簡潔な理由も含めて書いてみよう。実際に作成するレポートのテーマであるので，慎重に吟味しよう。

11 タイトルの設定

11.1 本章のポイント

本章のポイントは以下のとおりである。
① 「タイトル」の設定方法を理解する。

11.2 タイトルとは？

タイトルとは，広辞苑によれば「題名」のことである。10章で紹介した「テーマ」の中の1つのトピックスについて，論点を絞って題名にしたものである。

11.3 タイトルの設定の要件

出版図書の場合，複数のタイトルの候補を設定するなどして，タイトルの考案に膨大な時間，エネルギーを使う。読み手が最初に触れる部分であり，図書への印象や期待を読み手に大きく与えるためである。レポートも同様，タイトルは読み手が最初に触れ，興味深いかどうかを判断する手がかりとして，大変重要である。

タイトルの要件を以下に紹介する。

11.3.1 論点が絞られている

レポートでは，テーマに対して，筆者が焦点を絞ってタイトルを設定する必要がある。読み手がタイトルを見て，レポートの内容を大まかに想像できることが必要である。

まず，論点が絞られていないタイトル例を紹介する。

●**例文 11-1**
- エピソード記憶について
- 自尊心について
- 格差社会について

　これらのタイトルは，テーマに「について」を付けただけである。タイトルとしては漠然としており，何に焦点を当てて論述したレポートであるかはっきりせず，実際にレポートを読まないと具体的な内容を把握できない。1つめであれば，エピソード記憶のどんな側面に焦点を当てるのかを，タイトルで表現する必要がある。テーマに対して，焦点を絞ってタイトルを設定する必要がある。

　酒井（2007）は，取り組んだ問題と着眼点の2つがタイトルの要件であると指摘している。両者の一例を酒井（2007）より紹介する。

問題：なぜ，歌は人の心に響くのか
着眼点：記憶を呼び起こすため
タイトル：なぜ，歌は人の心に響くのか：記憶の連想の効果

　このように，レポートで取り上げる問題と，その問題の着眼点を明示的に分けてタイトル化するのも1つの方法である。

　本書では，テーマを設定した上で，そのうちの1つの視点に焦点を絞ってタイトル化する練習をする。

　上記の**例文 11-1**で，きちんと焦点を絞ったタイトルの一例を紹介する。

●**例文 11-2**
- エピソード記憶から経験則を得る過程について
- 化粧による自尊心の向上について
- 日本は格差社会といえるか？

　これらのタイトルの場合，論点がきちんと絞られているため，何について書かれたレポートであるか大まかに想定できる。

> **練習問題 11-1**
> 上記の**例文 11-2**を参考にして，以下のテーマについて，自分なりに論点を絞ってタイトルを設定してみよう。

◉例文 11-3
- 国際交流
- 情報化社会

11.3.2　議論の余地がある

レポートで論じるまでもなく，すでにわかっている自明の内容については，タイトルに取り上げるのは適切でない。議論の余地のない自明のタイトル例を紹介する。

◉例文 11-4：
　a. 父親は育児に参加すべきか？
　b. たばこのポイ捨ては禁止すべきか？
　例文 a：民法第 877 条で「直系血族及び兄弟姉妹は，互に扶養をする義務がある」と記載されている。法律上，父親は直系血族である子どもを養育する義務がある。
　例文 b：人への危害の危険性から傷害，火災の危険性から失火の罪につながる危険性があり，またゴミの放棄であり社会の規則に違反している。多くの点でポイ捨ては禁止すべきである。

例文 11-4 について，少し視点を変えると以下のように議論の余地のあるタイトルになる。

◉例文 11-5
　a. 父親の積極的な育児参加を促す方策
　b. たばこのポイ捨てを罰金化すべきか？

11.3.3　期限内に書きあげられる

　レポート作成には提出締切期限があり，一定の期間内に作成し終える必要がある。たとえば執筆期間が1か月であれば，他の授業の課題，部活，バイトなどのスケジュールを考慮し，レポート執筆に割くことのできるおおよその時間を想定し，その時間の範囲内で執筆しきれるテーマを選ぶ。レポート作成に必要な情報の収集が非常に困難であるタイトルや，レポートで論述するのが難しいタイトルは避けるほうがよい。情報収集の可能性，自分の関心と能力，注ぐことができる労力などを想定し，期限内に書きあげることができそうなタイトルを選ぶ。

　タイトルはレポートの冒頭に書くが，最終的に決定するのはレポート本文を書き終えてからでもよい。たとえば，レポート作成を進めるうちに，最初に設定したタイトルと論点が変わり，作成中・作成後にタイトルを変更することもある。

練習問題 11-2

　11.3節で説明した3点に留意して，テーマとタイトルを3セット，自由に設定してみよう。

　酒井（2007）は，タイトルの要件として，興味を惹くことを紹介している。たとえば学術論文の場合，タイトルにインパクトがないと素通りされることもあり，読者を引き寄せるためには興味深いタイトルは重要である。大学でのレポートの場合，必然的に担当教員が読むことになるが，タイトルにインパクトがあると読む動機づけも高まり，レポートが引き締まる。読者に興味を持ってもらえそうなタイトルを設定することも，大事な要件である。

　また樋口（2006）は，小論文で設定する命題の3原則として，以下の3つを指摘している。

1. 普遍性・社会性を備えている。瑣末な問題は立てない。
2. イエス・ノーの立場から論じられる。自明の命題は立てない。

3. 自分の知識の範囲で答えられる。

これらのうち，1と3は **10.3節**で紹介した「テーマの要件」で説明した事項で，2は **11.3.2節**で述べた「議論の余地がある」に該当するといえる。

11.4　タイトルの設定方法

1つのテーマに対して，多くのタイトルが候補にあげられ，最終的に1つのタイトルを決定するのは難しい。本節では，タイトルを検討する1つの方法として，**3.3.2節**で紹介した10個の質問＆回答で練習する。一度，**3.3.2節**を復習してから取り組んでみよう。

練習問題 11-3

練習問題 10-1 で設定したテーマについて**例文 3-6** を参考にして 10 個の質問＆回答を作成し，タイトルを設定しよう。実際に作成するレポートのタイトルであるので，慎重に吟味しよう。

12 レポートの構成

12.1 本章のポイント

本章のポイントは以下のとおりである。
①レポートの全体構成を理解する。
②序論,本論,結論で書くべき内容を理解する。

12.2 レポートの全体構成

レポートを作成する前に,表 12-1 のようにレポートの全体構成を把握した上で,本文の各論を詳しく論じるのが適切である。全体構成に対する各論の位置づけを認識しながら論じることができる。各論を論じている際,全体構成を部分的に変更するのは問題ない。自分の頭で洞察し,必要であれば文献を読んで作成してみよう。

表 12-1　レポートの全体構成

レポートのテーマ

レポートのタイトル
学籍番号　氏名
1. 序論
1.1 問題の背景
1.2 問題の提起（何を論じるか）
1.3 問題の意義（なぜ論じるか）
2. 本論
2.1 筆者の主張
2.2 主張の理由
3. 結論
引用文献

表 12-2　レポートの全体構成の例

テーマ：食料問題

タイトル：日本の食料自給率を上げるべきか？
1. 序論
1.1 問題の背景：
　バイオエタノールの製造などによる輸入農産物の価格高騰，中国・インドなどの発展による食料需要の増加など。
1.2 何を論じるか？：
　日本の食料自給率を上げるべきか？
1.3 なぜ論じるか？：
　輸入農産物が制限されると，国民の食生活が大きく脅かされる。有事に備えた政策の検討を要する。
2. 本論
2.1 筆者の主張：
　食料自給率の向上は，世界情勢の影響を受けにくい安全な国家の形成につながる。
2.2 主張の理由：
　①自国の食料を輸入に頼るのは国家の基盤を危うくする。
　②安全性の確保の面からも，輸入農産物には問題がある。
3. 結論
　日本の食料自給率を上げるべきである。

表 12-2 は，食料問題をテーマとして，表 12-1 に基づいて作成したレポートの全体構成である。このように，レポート作成の前段階で全体像が明確になっていると，どこから書き始めるのが作成しやすいか，どの内容が関連しあっているか，などが把握しやすくなる。

練習問題 12-1

上記の表 12-2 を参考にして，練習問題 11-3 で設定したテーマ，タイトルを用いて，レポートの全体構成を作成してみよう。実際に作成するレポートの全体構成になるので，慎重に吟味しよう。

12.3 序章で書く内容

序章で書くべき最低限の内容は，以下の3つである。

①問題の背景：取り上げる問題の現状や，問題が生じた背景を書く。

②何を論じるか？：レポートで論じる具体的な内容を書く。**2章，3章**で紹介した「問題」について焦点を絞って書く。

③なぜ論じるのか？：レポートで論じる学問的・社会的・実用的な意義を書く。

上記の3つのうち，③を書くのが難しい。しかし，いろんな視点で吟味すれば，レポートでタイトルについて論じる知的な意義が見出される。湯川（2006）は，知的関心の対象であれば，取り上げたテーマや分野が自分にとって面白いと判断する理由について，きちんと順序を踏んで論理的に説明できるはずであると述べている。

上記の3点の内容を理解するために，まず以下の**例文 12-1**を読んで，どの文章が序論で書くべき上記の3点に相当するかを理解しよう。

●例文 12-1

タイトル：補助教材としての e-Learning の導入方法と学習効果

　平成 15 年 3 月末の時点で 1 校あたり，小学校で 24.4 台，中学校で 41.6 台，高等学校で 94.7 台のパソコンが設置されている（文部科学省のホームページより）。パソコンを利用した学習が可能な環境が十分整ってきた背景もあり，近年，e-Learning を導入する教育機関が多い。対面での学習を主としながら，e-Learning で補充的な学習支援が実現できれば，対面のみの学習と比べて学習効果はおおいに向上する。本論では，インターネットを使った補助教材の導入方法と，その導入による学習効果について論述する。

引用文献

文部科学省 平成15年度 学校における情報教育の実態等に関する調査結果（平成19年11月25日参照）：URL：http://www.mext.go.jp/b_menu/houdou/15/07/03070501.htm

①問題の背景：1文目，2文目
②何を論じるか？：4文目
③なぜ論じるのか？：3文目

練習問題 12-2

上記の**例文 12-1**を参考にして，下記の文章の中で何文目の文章が序論で書くべき上記の3点に相当するかを考えてみよう。

タイトル：少子化対策としての育児休業制度の現状と改善案

日本では現在，高齢化と少子化が大きな社会問題になっている。少子化の主要因として，育児には多くの時間を要するいっぽう，働く女性が育児に専念できる環境はきちんと整っていないことがあげられる。少子化が進むと，労働人口の減少による経済成長の停滞や高齢者の福祉支援など，社会に大きな問題が生じるため，日本にとって改善案を検討し実施する必要性は高い。そこで本論では，日本の少子化対策として，育児休業制度の現状と改善案について論じる。

各文章が3つのいずれかに，常に該当するわけでない。文章の表現や内容によっては，各文章がたとえば①，②の両方に該当する，あるいはいずれにも該当しない場合もある。各文章がどれに該当するかの意識より，序論全体を通じて最低限3つのポイントを記述することを意識しよう。

テーマ，タイトルを設定し，序論で書くべき3点を個別に書いた上で，以下の**例文 12-2**のように序論を簡潔に書いてみよう。

●例文 12-2
テーマ：少年犯罪
タイトル：犯罪者が少年の場合の氏名非公表の是非について

①問題の背景

犯罪者が成人の場合，テレビや新聞などのマスコミに氏名が公表される。いっぽう，犯罪者が少年の場合，氏名は公表されない。この方針は，犯罪者が少年の場合，氏名をメディアで掲載してはいけないという少年法第61条に基づくと考えられる。

②何を論じるか？

少年と成人の犯罪に対する公表方法の違いを簡潔に紹介し，少年の氏名が公表されない現状の是非を論じる。

③なぜ論じるのか？

成人は公表されるのに少年の氏名が公表されないという矛盾は，社会が少年を甘やかすことにつながる。少年の氏名公表の検討は，少年の更生と社会の威厳の双方について考えることであり，重要である。

序論

犯罪者が成人の場合，テレビや新聞などのマスコミに氏名が公表される。いっぽう，犯罪者が少年の場合，氏名は公表されない。この方針は，犯罪者が少年の場合，氏名をメディアで掲載してはいけない少年法第61条に基づくと考えられる。<u>当然，法律は厳格に順守されるべきであるが，絶対的に正しい存在ではなく，現実に即して適切な内容に改変されていくべき存在である</u>。成人は公表されるのに少年の氏名が公表されない矛盾は，社会が少年を甘やかすことにつながる。少年の氏名公表の検討は，少年の更生と社会の威厳の双方について考えることであり，重要である。そこで本論では，少年と成人の犯罪に対する公表方法の違いを簡潔に紹介し，少年の氏名が公表されない現状の是非を論じる。

例文12-2の序論では，上記の3つのポイントを①，③，②の順で書き，文章の接続のために下線の文章を加筆している。

上記の3点は，序論で書くべき最低限の内容である。課されたレポートの分量に従って，必要であれば3点以外の内容も書く必要がある。

練習問題 12-3

上記の**例文 12-2** を参考にして，**練習問題 12-1** で作成したレポートの全体構造を用いて，序論で書くべき3点を考えた上で，序論を簡潔に書いてみよう。実際に作成するレポートの序論になるので，慎重に吟味しよう。

12.4　本論で書く内容

本論で書くべき内容は，筆者の主張，主張の理由などを論じ，序論で提起した問題に対してクリティカルに回答する。

序論，本論，結論のうち，一般的には本論でもっとも詳しく論述する。本論では，序論で提起した問題や論点に絞って論述しなければならない。論述の展開が脱線して，序論で提起した問題から外れた論点について本論で論述しないように注意を要する。この場合，序論で重要な問題を提起し，本論で理路整然と論述していても，序論の問題提起と本論の内容が整合していないことになり，レポートの評価が低くなる。

両者の整合性を理解するために，少し極端であるが，序論で提起した問題と本論で論じている内容が対応していない例を紹介する。

◉例文 12-3

1. 序論

……本論では，「子育ては親育て」の言葉にあるように，育児を通じて父親は人間的に成長する点について考察する。

2. **本論**

　父親が育児に専念することにより，以下の3つが改善される。

　1つめは，国内の出生率の向上の可能性である。女性労働者にとって，仕事と育児の両立は時間的に大きな負担になる。仕事との両立が難しいと想定し，仕事を優先したいために出産をためらう女性労働者も多いであろう。父親の育児支援により，女性労働者の育児負担が減り，出産への動機づけが高まり，国内の出生率の向上につながるかもしれない。

　2つめは，……

序論，本論とも，重要な内容について論じている。しかし，父親の育児という点では序論，本論で対応しているものの，以下のように両者で論点が異なる。

序論の問題提起：育児を通じた父親の人間的な成長

本論の内容：父親の育児参加による出生率の向上

このような失敗をしないためにも，**12.2節**で説明したように，最初に本論の全体像を構築した上で書き進めるのが適切である。その方法の1つとして，本論の各段落で紹介する内容の小見出しをつけてから，各段落の内容を詳しく論じるのが望ましい。

　以下は，**例文12-3**の序論と論点を整合させて本論を論じている例である。

●**例文12-4**

2. **本論**

　育児を通じた父親の人間的な成長として，3つの側面を考察する。

　1つめは，責任感の向上である。
……

　2つめは，リーダーシップの向上である。
……

例文12-4のように，本論で論じる内容について最初に小見出しをつけてから，各小見出しについて詳しく論じるのが効果的である。レポートでは，1つの段落では1つの主旨について書き，1つの文章では1つの主張のみを書く。1つの段落や1つの文章に複数の主旨や主張を盛り込むと，わかりにくい文章になる。各小見出しで，主旨が変わる場合は段落を分けて論述する必要がある。小見出しをつけると，本論を論述する前に序論で提起した問題と本論の内容が対応しているかを確認することになるため，例文12-3のように序論に対する本論の論点がずれることがなくなる。また，今書いている内容が本論全体の中でどんな位置づけであるかを理解しながら書くことができる。

ただし，本論を執筆している最中に，書く前に提起した序論の問題と論点が変化する場合も当然ある。その場合，序論か本論のいずれかを修正し，両者の整合性を保つ必要がある。

練習問題 12-4

上記の**例文12-4**を参考にして，以下の**例文12-5**の本論の例を読んで，本論の各段落の小見出しをつけてみよう。**例文12-5**は，京都光華女子大学の学生が書いたレポートの一部を，著者が加筆修正を行ったものである。なお，匿名での本書への掲載について，学生本人から許諾を得ている。

●例文 12-5

タイトル：子どもの携帯電話所持は犯罪に結びつくか

1. 序論

……本論では，子どもの携帯電話所持による犯罪への結びつきを取り上げる。

2. 本論

子どもの携帯電話所持は犯罪に結びつきやすい。その現状と問題点を論述する。

まず，子どもの携帯電話利用による犯罪と被害について述べる。警視庁によれば，親が子どもに携帯を持たせる一番の理由は家族との連絡のためである。しかし，警視庁によれば，小中学生は実際には，携帯電話を友人とのやりとりに使うことが多く，携帯電話からインターネットにアクセスする人は約半数もいる。インターネット上には，誤った情報や自殺や犯罪を誘う情報なども多く含まれている。精神的にも知識的にも発達途上である小中学生が，それを選別してうまく利用することが必ずできるとは言い切れない。警視庁によると，実際に携帯電話の出会い系サイトを通じて売春行為をする，脅迫されるといった被害に遭った子どもの総数は，平成18年度だけで142人である。このデータは，小中学生が携帯電話を使うことによって危険にさらされている現状を示す。

　こうした現状を回避できない問題点の1つとして，子どもによる有害情報へのアクセス禁止の不徹底がある。各携帯電話会社では今日，未成年のユーザーが有害なサイトにアクセスできないようにするフィルタリングのサービスを実施し始めている。このフィルタリングの活用により，子どもの健全な育成を携帯電話の所持によって妨げられる危険性は大きく減少するであろう。しかし，この活用は義務ではなく両親の意向次第であり，インターネットの有害サイトや携帯機能についての知識に乏しい親は多いのが現実である。

3. 結論
　　……

引用文献
警視庁「携帯電話と子どもたち」: http://www.keishicho.metro.tokyo.jp/
　　toukei/keitai/keitai.htm

　　　　　　　　（京都光華女子大学の学生レポートの一部を加筆修正）

> **練習問題 12-5**

練習問題 12-3 で書いた序論の続きとして，上記の**例文 12-4，12-5** を参考にして，本論の小見出しを書いてから本論を書いてみよう。実際に作成するレポートの本論になるので，慎重に吟味しよう。

12.5 結論で書く内容

結論では，序論で提起した問題に対する回答を簡潔に書く。12.4 節で説明したように，本論では，序論で提起した問題に対して論点をずらさないで，筆者の主張を論じる必要がある。それと同様，結論でも論点をずらすことなく，序論で提起した問題に対する回答を簡潔に書く。

例文 12-6 では，結論の例を紹介する。**例文 12-6** は，京都光華女子大学の学生が書いたレポートの一部を，著者が加筆修正を行ったものである。なお，匿名での本書への掲載について，学生本人から許諾を得ている。

◉**例文 12-6**

1. 序論
……本論では，キレやすい子どもが増加してきた要因と対応策について論じる。……

3. 結論
　キレやすい子どもを作る主な要因は，親と接する機会が少ないために子どものフラストレーションがたまりやすいことである。キレやすい子どもを減らしていくために大切なことは，親は子どものことを理解していると決めつけるのではなく，家族がお互いにコミュニケーションをとれるような環境を親子で作る努力をしていくことである。

（京都光華女子大学の学生レポートの一部を加筆修正）

上記の**例文 12-6** のように，結論では，序論で提起した要因と対応策について簡潔に回答する。

木下（1994）は，明確な文章と明確な表現を，以下のように定義している。

 明快な文章：筋が通っていて，一読すればすぐわかり，二通りの意味にとれるところのない文章

 明確な表現：ぼかしたところがなく，ずばりと断定的な表現

これらの2点は，レポート全体を通じて重要であるが，特に結論で重要である。たとえば，樋口（2006）が指摘するように，「一概に言えない」「時と場合による」などの表現は明確でなく，結論では好ましくない表現である。

練習問題 12-6

上記の**例文 12-6** を参考にして，**練習問題 12-5** で書いた本論の続きとして，結論を書いてみよう。実際に作成するレポートの結論になるので，慎重に吟味しよう。

12.6　レポート課題

これまで本書で紹介した事項を順守して，テーマ，タイトル，序論，本論，結論，引用文献の順で，以下の2つの文章量のレポートを作成してみよう。以下のレポート課題1, 2は，同じテーマ・タイトルで取り組む。課題1で作成したレポートを加筆修正して，課題2のレポートを作成する。

12.6.1　レポート課題1

以下の要領でレポートを作成してみよう。

文字数：800字程度（700字以上，900字以下）

執筆期間の目安：1週間程度。担当教員は締切日をアナウンスする。

引用文献：含めたほうが望ましいが，なしでもよい。

備考：文字数が少ないこともあり，テーマ，タイトル，序論，本
　　　論，結論で紹介してきた事項をきちんと順守して，筆者の
　　　頭で考えた文章を中心に書く。

Part 2 の **10章** から **12章** で取り組んだ以下の練習問題をつなぎ合わせれば，1つのレポートがほぼ完成していることになる。

テーマ：練習問題 10-1
タイトル：練習問題 11-3
全体構成：練習問題 12-1
序論：練習問題 12-3
本論：練習問題 12-5
結論：練習問題 12-6

つなぎ合わせた文章を加筆していく形で，800字程度のレポートを作成しよう。

12.6.2　レポート課題2

以下の要領でレポートを作成してみよう。レポート課題1で作成したレポートに対して，担当教員からのコメントや引用文献を加味して加筆していく形でレポートを作成しよう。

文字数：1800字程度（1600字以上，2000字以下）
執筆期間の目安：3週間程度。担当教員は締切日をアナウンスする。
引用文献：1つ以上の文献を引用する。
備考：文字数がある程度多いこともあり，序論で問題を裏付ける
　　　理由や，本論で筆者の主張を裏付ける理由などに関する文
　　　献を，レポートで引用する。

たとえば4000字など文字数の多い文字数は，レポート作成に慣れていない場合は適切でない。筆者が文献の引用なしで4000字相当のレポートを作成できることはほとんどないので，多くの引用文献が必要になる。その結果，文献の引用に注意が集中し，筆者の主張の全体像を論理的に組み立てるという肝心の作業がおろそかにな

りがちになる。まずは，少なめの文字数のレポートをいくつも書く訓練を繰り返し，慣れてきたら文字数の多いレポート作成にチャレンジしてみよう。

13 疑問の連鎖

13.1 本章のポイント

　筆者の主張の理由を論じるために，5章で理由，6章で事実について紹介した。12.6.1節のレポート課題1のように，800字のような分量の非常に少ない場合，それほど理由を詳述しなくてもよいため，5，6章で紹介した思考法に基づいて論述すれば，レポートはおおむね出来上がる。しかし12.6.2節のように1800字のようなある程度の分量のレポート課題の場合，理由を詳しく書く必要が生じる。本章では，理由を詳しく論述するための方法として，苅谷（2005）や樋口（2006）を参考にして，「疑問の連鎖」と「異見に対する反論」を紹介する。

　以下の**例文 13-1** は，結論に対して理由が2つ指摘されている。なお，**表 12-2** と同一テーマである。

● **例文 13-1**
　テーマ：食料自給率
　結論：日本は食料自給率を上げるべきである。
　理由：1つめは，自国の食料を輸入に依存すると国家の基盤が低下するためである。2つめの理由は，輸入した農産物には安全性の確保に問題があるためである。

　レポートでは，2つの理由に関して，その妥当性について詳しく論述する必要がある。その方法として，上記の2つの技法を使った詳細な論述を練習していく。

13.2 疑問の連鎖

1つの論点に対して「なぜそのように主張できるか？」「事実といえるか？」など，連続的に徹底的に疑問を発し，深く追究していく。**3.3.1節**で紹介した「素朴な疑問」は，ブレーンストーミング的に思いついた問題をピックアップするという横断的な視点での思考法であった。**3.3.2節**の「質問&回答」も横断的な思考法である。いっぽう，本節は，1つの論点を深く追究していくという縦断的な視点での思考法である。大前（2004）は，問題解決力とは，仮説を裏付けていくために労を惜しまない行動力であり，それが絶対に正しいと結論づけられるまで徹底的に考える思考力と指摘している。本節の思考法は，この問題解決力とおおいに関連している。

自分の持っている知識だけで結論の理由をクリティカルに論述しきることは難しい。多くの場合，疑問の連鎖の過程で，自分の持っている知識だけでは回答しきれない疑問が生じる。この場合，文献を引用して疑問に対する回答を探す。

ここでは，食料自給率のテーマで，食料自給率に関する**例文 13-1**を使って，疑問の連鎖を以下に紹介する。文献の引用方法については，**7，8章**を参照されたい。

◉例文 13-2

<u>テーマ</u>

Q1 日本の食料自給率は何%か？

A1 農林水産省の「19年度食料・農業・農村白書」によれば，日本の食料自給率は，1965年は73%だったのに対して2006年は39%であり，アメリカ，フランス，ドイツ，英国などの主要先進国と比較して最低レベルである。

Q2 A1に関して，日本の食料自給率が低下した要因は何か？

A2 農林水産省の「19年度食料・農業・農村白書」によれば，食料自給率の長期的な低下は，国内で自給可能な米の消費

量が減少するいっぽう，国内生産では供給困難なとうもろこし等の飼料穀物の必要な畜産物や，大豆，なたねを使用する油脂類の消費が増加するなど，食生活が大きく変化したことである。

1つめの理由について

Q1　国家の基盤とは何か？
A1　国民が健康で文化的な生活を送るための物質的・精神的な力である。
Q2　なぜ食料が国家の基盤になるのか？
A2　食料は国民の生存に不可欠である。
Q3　輸入に頼ればよいのではないか？
A3　異常気象，紛争，物価の高騰などにより，農産物の輸入が困難になる可能性がある。
Q4　輸入が困難になると，日本はどうなるか？
A4　食料自給率が低い場合，食生活が貧困になり，国民の生存が維持できなくなる危険性もある。
Q5　A3は事実といえるか？
A5　農林水産省の「19年度食料・農業・農村白書」によれば，開発途上国を中心とした人口の増加により食料需要のさらなる増加が見込まれるいっぽう，供給面では地球温暖化の進展や水資源の不足等が農業生産に影響を及ぼすと見込まれ，世界の食料需給は中長期的にひっ迫する可能性がある。つまり，食料を輸入に依存することは，中長期的にみると非常に危険である。

2つめの理由ついて

Q1　本当に，輸入農産物が国産より安全性を確保しにくいといえるか？
A1　生産から加工，流通までを国内でまかなうと，農林水産省が生産工程の規制，厚生労働省が食品衛生の規制をしくことで，安全確保の徹底を図りやすくなる（農林水産省の「19

年度食料・農業・農村白書」より)。
- Q2 輸入先が安全性の規制を高めるよう,日本が強く主張すればよいのではないか。
- A2 食は文化であり,食の安全に関する考え方は国により異なるので,共通認識が得られにくい。
- Q3 輸入農作物が問題となった事例はあるか？
- A3 米国産の狂牛病の問題,中国産のギョーザの問題などである。

引用文献
農林水産省の「19年度食料・農業・農村白書」(平成20年9月2日参照)

例文13-2は,適度なところで連鎖を中断しているが,疑問の連鎖は延々と続く。レポートの分量に応じて,続ける長さを変える。

質問に対する確かな理由を見出すために,詳しく引用文献で調べる必要がある。しかし,時間や情報の不足で確かな理由が明記された文献を探せないこともある。その場合は,「……と推測する」という記述でもよい。事実・データなど確かな根拠に基づく内容と,根拠となる事実・データはないものの論理的に考えると妥当である推測を,明確に区別して論述する必要がある。

練習問題 13-1

12.6.1節のレポート課題1の本論で論じた理由について,文献の引用も交えて疑問の連鎖で深く論述してみよう。12.6.2節のレポート課題2につながるので,慎重に吟味しよう。

13.3 異見に対する反論

1つのテーマに対して,ほとんどの場合は複数の結論が何らかの妥当性をもつ。筆者は,そのうちの1つの結論を選んで論述する。つまり,筆者の意見と異なる主張や反対の主張も論理的に成立する

ことがほとんどである。読み手が，筆者の主張と反対あるいは異なる主張，つまり異見を持つこともおおいに想定できる。

そのため，レポートでは自分の主張とその理由を論述するだけでなく，以下の2点を理由として論じたほうが，より結論の説得力が高まる。①異見とその理由，②異見より筆者の主張のほうが妥当である理由，の2点である。

ただし，異見の理由を強く書きすぎると，異見に対する反論がしにくくなる。ディベートであれば，異見の強い理由もたくさん出して，反論されないように理論武装する必要がある。しかしレポートの目的は，筆者の主張を中心に説得的に論じることである。異見の理由は，異見のほうが納得できると読み手が思わない範囲で書くほうが適切である。

ここでは，13.1節の例文13-1で紹介した食料自給率のテーマに関して，上記の2つについて検討する。

● 例文 13-3
①異見とその理由
　異見：日本の食料自給率を上げなくてもよい。
　理由：
・農産物を積極的に輸入することで，競争原理により，国産，輸入の農産物のいずれにしろ，低価格で品質の良い農産物を消費者が手に入れることができる。
・日本は国土が狭く人件費が高いために，農作物が高くなり，輸入農産物との競争に勝てる見込みが低い。
・食料の物価高騰が生じても，お金を出せば輸入できる。食料自給率の向上より，日本の得意分野で経済力を高めることのほうが重要である。

②筆者の主張がより高い説得力を持つ理由
　　輸入の場合でも，小数より多国から食料を輸入するほうが，有事に備えた食料確保法である。しかし，世界的に食料確保が

難しい状況になると，お金を出せば調達しうるものの高額となり，低所得者は食糧調達が困難になる。また，品質の管理・維持が難しくなる。そのため，ある程度の高さの食料自給率を維持するのが望ましい。ただし，食料を生産する側がビジネスとして成立することが必要である。生産量につながる農地面積の問題は，たとえば特定の用途に使われていない荒野を農地として開拓し，地産地消（生産した地域で消費）を各地域で展開する。国内での農地開発に限界がある場合，日本企業が他国の農地開発に着手して，食料を日本に配達しつつ他国にも輸出する。この場合，食料自給率を上げると同時に，日本の経済力を高め，食料生産技術を世界に広げることにもつながる。

練習問題 13-2

12. 6. 1 節のレポート課題1の結論の異見を書き，①異見とその理由，②異見より筆者の主張のほうが妥当である理由，の2点を書いてみよう。**12. 6. 2 節**のレポート課題2につながるので，慎重に吟味しよう。

14 レポートの作成

14.1 レポートを作成しよう！

Part 1 でレポート作成に必要な思考法や書く技法を練習し，Part 2 の 13 章までの作業を通じて，実際に 1 つのレポートを書きあげることができた。

本書で紹介した作法に沿ってレポートを作成すれば，一定の評価が得られる。今後は，レポートを作成する機会を増やすことである。北岡（1999）は，書く技術の向上，書く能力の育成には，書くという実践経験が最良の方法であると述べている。さらに，筆者の知識・情報，思考力，注ぐエネルギーなどが高ければ，レポートの評価は高まる。レポートを書く技術は，15 章で紹介するように推敲を通じて高めることができる。その際，指導者に加筆修正してコメントをもらうのが望ましい。

本書で紹介したように，最初は序論，本論，結論のレポートのスタイルをしっかり習得しよう。このスタイルのレポートを何度も書き続ければ，レポート作成の基礎力が習得され，起承転結，目的・方法・結果・考察など，いろいろなスタイルのレポートを作成する応用力もついてくる。

14.2 レポートの全体構成の作成

樋口（2006）は，知識があって鋭いことに気づいているのに，言いたいことが読者に伝わりにくい小論文の特徴として，以下の 5 つを指摘している。これらの 5 つの問題点と，本書でのその対処法の箇所を以下に示す。

- 命題がしっかりしていない
  → 序論でレポートで提起する問題を明確にする（12.3節を参照）
- 反対意見を想定していない
  → 本論で多様な視点で筆者の主張を説得する（13章を参照）
- 1つの論点を深めていない
  → 焦点を絞ってタイトルを設定し，論述する（11章を参照）
- 論理的に展開できていない
  → 序論，本論，結論の形式で，本章で紹介する事項を順守して書く（12章を参照）
- 結論がはっきりしていない
  → 結論で，あいまいさをなくす（12.5節を参照）

上記の点を考慮して，以下の例文14-1のようにレポートの全体構成を考える。例文14-1は，例文14-2の学生のレポートについて，著者が全体構成を作成したものである。実際にレポートを執筆する前に，必ずレポートの全体構成を作成する必要がある。全体構成を事前に作成することで，全体的な論述の展開を明確化でき，全体の展開を念頭に置いた上で各論や各段落の詳細な内容を執筆でき，利点は非常に大きい。

◉ 例文 14-1

- テーマ：親子関係
- タイトル：子どもの孤食の問題点と対応策

1. 序　論

問題の背景：孤食を定義し，家庭内の食卓状況の過去と現状を紹介する。

何を論じるか？：孤食の問題点と対応策を論じる。

なぜ論じるか？：子どもが一人で食事することは，心身の健全な発達を阻害する可能性がある。

2. 本論

子どもの孤食の問題点3つ

　①コミュニケーション能力を高める機会を失う。

　　－家族で一緒に食卓を囲むことで，人間関係の形成を学ぶ。

　②**一人での食事に慣れると孤食を好む傾向が生じる。**

　　－一人のほうが気軽でよいという習慣がつき，みんなで楽しく食事する意欲が低下する。

　③**子どもは孤食を自分で回避できない。**

　　－仕事などの親の都合で，子どもは強制的に孤食に追い込まれている。

子どもの孤食への対応策

　①子どもの孤食が及ぼす影響について，大人が問題意識を高める。

　②料理の時間がなければ手軽な料理でよいので，家族で食卓を囲むことを習慣づける。

3. 結論

子どもの孤食の問題点3つ

子どもの孤食への対応策

14.3　レポート例

12.6.2節で紹介した1800字のレポート課題2の作成例を紹介する。以下のレポートは，京都光華女子大学の学生が書いたレポートを，担当教員が**15章**で紹介する推敲により加筆修正を行ったものである。なお，匿名での本書への掲載について，学生本人から許諾を得ている。

●例文 14-2
子どもの孤食の問題点と対応策
1. **序論**

　年々核家族が増加している日本では，共働きの両親と一人っ子というような家庭は珍しくない。そういった環境の中で，今問題になっていることの1つに孤食があげられる。家族揃って食事をせず，各自ばらばらな時間に食べることを個食という（広辞苑）。その意味に加えて，その行為に孤独感がともなっている場合に使うのが「孤食」であると定義されている。

　昔は家に帰れば両親や兄弟，祖父母がいて一緒に食事をとることが当然であった。しかし，女性の社会進出や核家族化，少子化の流れをうけて，そのルールに変化が起こっている。両親は仕事のためやむを得ないという感覚であろう。だが，子どもは違う。孤独が伴う食事をとらなくてはいけない環境に子どもを置くことは，子どもの心身の健康な発達を妨げる一要因になると推測できる。そこで本論では，子どもの孤食の問題点と対応策を取り上げる。

2. **本論**

　家族が食卓を囲み，その日あった出来事などを話しながら食事をするという構図はアニメやドラマなどでよく見かけるのではないか。室田（2007）によれば，食卓は発達臨床心理学の視点に立つと，「かかわり」，「人間関係の技術」，「会話のセンス」，「場の流れを察知する勘」，「相手の気持ちを読み取るコツ」を，「食べ（摂り入れ）」ているといえる。つまり，食卓を家族で囲むということは，子どものコミュニケーション能力を自然に育てる場を作っていることでもある。孤食の増加は，このコミュニケーション能力を育てる場の減少に直結すると考えられる。実際の社会の中でのコミュニケーションの練習であるような家族とのコミュニケーションが欠如すると，人との上手なかかわりあい方や自分の意見の伝え方がわからないまま育ってしまい，

社会にうまく順応できなくなるのではないか。

　また，室田（2007）によると，2002年以降は孤食の様子も変化している。一人での食事が寂しい，味気ないという「孤食」のタイプとは別に，食事は一人に限る，一人で食べることのほうが気が楽といった「個食」のタイプが増えている。これは「孤食」の経験が重ねられることの結果，そのような状態に慣れ，一人が気楽でよいという，コミュニケーションの状況から一歩ひいた態度，対人関係能力の低下を示す状態が起きていることを示唆している（室田，2007）のだという。

　子どもを一人での食事に慣れさせてしまう状況を作り出しているのは，大人であることは間違いない。「孤食」という言葉は，本来は子どものみに使う言葉ではない。一人暮らしの大人にも当てはまる行為であるが，子どもと大人にとってのその行為のもたらす意味と大きさは異なる。一人暮らしの大人の場合は仕方のない状況があるとはいえ，自分で決定した生活スタイルの一部であり，それを打開することも可能である。しかし，子どもは違う。両親や周りの大人の都合で決定され，強いられた生活スタイルであり，その打開は本人には難しい。現代社会ではそのことについて深く問題視されてはおらず，むしろその状況は当たり前のようになっているのではないか。

　対応策として，家族全員が時間を合わせて食事を一緒にとる習慣をつけることが重要であると考える。もちろん，ニーズに合わせて好きなときに好きな食べ物を手に入れることが容易な現代社会においては，母親が家で手料理を作って待っているという必要性はない。また，子ども自身も習い事や受験に忙しくしていることも多く，一朝一夕には習慣づけることは難しいと思われる。しかし，少しずつでも家族での食卓の欠如はコミュニケーション能力やマナー意識の発育の妨げになるという問題意識を高め，孤食の問題点について考える機会を増やしていくことが，家族で食卓を囲む習慣づけにつながると考える。

3. 結論

　子どもの孤食の問題点は，食卓を囲んでコミュニケーション能力を高める機会が失われる，一人での食事に慣れるとそれを好む傾向が生じる，大人と異なり子どもは孤食を自分で回避できない，などがある。対応策は，子どもの孤食が及ぼす影響について大人が問題意識を高め，家族で食卓を囲むことを習慣づけることが大事である。

引用文献
室田洋子 2007「会話の乏しい子どもの食卓」，大橋晴夫『それでも「好きなものだけ」食べさせますか』第 7 章，pp.157-193

（京都光華女子大学の学生レポートを一部加筆修正）

15 推敲と評価

15.1 徹底的に推敲する

　レポートを書きあげた後，担当教員に提出する前に必ずやるべきことがある。それは，複数回の推敲である。わかりにくい文章の最大の要因は，推敲をおろそかにすることである。筆者の立場としてだけでなく，読み手の立場にもなって推敲しよう。

　わかりやすいレポートとして完成させるために，最低3回は推敲する必要がある。2回目，3回目に推敲すると，1回目に推敲したときには気づかない，より良い論述の仕方や文章表現が見えてくることが多い。もちろん，4回，5回と推敲の回数は多いほどよい。推敲は，誤字脱字の確認だけでない。わかりやすい文章，説得力のある理由や事実の再検討などによって加筆修正することである。

15.2 推敲のポイント

　推敲のポイントを，中澤ら（2007, p.85）と酒井（2007, p.172）を参考に，以下のように作成した。形式面は文章作法，内容面は本書で紹介したポイントである。形式面は本書で特に説明していないが，内容面は本書で説明したポイントである。レポートを提出する前に，必ずチェックしよう。

15.2.1 形式面

　① 誤字・脱字はないか？
　② 段落冒頭は，1マス空けているか？
　③ 論旨にあった接続表現をしているか？

④ 口語表現を使っていないか？
⑤ 文体を「である」に統一しているか？
⑥ 長すぎる文章が含まれていないか？
⑦ 主語・述語が対応しているか？
⑧ あいまいな表現をしている部分はないか？
⑨ 適度に読点「，」が入っているか？
⑩ 1つの文では1つのことだけを言っているか？
⑪ 1つの段落では1つのことだけを主張しているか？
⑫ 文章のつながりはなめらかであるか？
⑬ 段落のつながりはなめらかであるか？

15.2.2 内容面

1. タイトル
① レポートで論述する意義のあるタイトルであるか？
② タイトルは適切に焦点が絞られているか？

2. 序論
③ レポートで提起する問題の背景を明記しているか？
④ レポートで提起する論じる内容を明記しているか？
⑤ レポートで提起する論じる意義を明記しているか？
⑥ 3点の記述を通じて，レポートで提起する問題の主旨を明確に読み取れるか？

3. 本論
⑦ 序論で提起した問題について論じているか？
⑧ 冒頭で，本論の主張を明確に書いているか？
⑨ 主張に関する理由を明確に述べているか？
⑩ 理由を裏付ける事実を適切に引用しているか？
⑪ 主張を裏付ける理由・事実として説得力はあるか？

4. 結論
⑫ 序論で提起した問題に対して，筆者の主張を明確に結論づけているか？

⑬ 序論や本論で触れなかった新たな論点について論じていないか？

5. 引用
⑭ 引用文献の内容を，レポート本文の文脈の中で適切に引用しているか？
⑮ 本文中で，引用の文章と筆者の文章の違いが明確にわかるように記述しているか？
⑯ 引用文献で，出典を漏れなく明記しているか？

6. レポート全体
⑰ 序論，本論，結論の構成で漏れなく書いているか？
⑱ 全体を通じて，論述の構造を明確に理解することができるか？
⑲ ユニークな視点での論述を含んでいるか？
⑳ 広い視点をもって論述しているか？

15.3 レポートの推敲の例

レポートの推敲の例を紹介する。例文 15-1 のレポートは，京都光華女子大学の学生が執筆したものであり，推敲例を紹介する目的のため，担当教員はいっさい加筆修正していない。ただし，推敲すべきポイントについて説明するために，各文章に番号を付けている。誤字脱字，読点，簡潔な表現，段落設定，短文化など，多くの側面について推敲している。**例文 15-1** を推敲したレポートが，**例文 14-2** である。両者を見比べて，推敲方法の参考とされたい。なお，匿名での本書への掲載について，学生本人から許諾を得ている。

●例文 15-1
子どもの孤食の問題点と対応策
【序論】
①年々核家族が増加している現代日本では，共働きの両親と一人っ子というような家庭は珍しくない。②そういった環境

の中で，今問題になっていることの1つに孤食があげられる。[3]家族揃って食事をせず，各自ばらばらな時間に食べることを個食という（広辞苑）。[4]その意味に加えて，その行為に孤独感が伴っている場合に使うのが「孤食」であると定義されている。[5]現代社会では，特に子どもの孤食が急増しているといえる。[6]昔は家に帰れば両親や兄弟，祖父母がいて一緒に食事をとることが当然であった。[7]しかし，女性の社会進出や核家族化，少子化の流れをうけてそのルールは最早消えかけている。[8]両親は仕事のためやむを得ないという感覚であろう。[9]だが，子どもは違う。[10]孤独が伴う食事をとらなくてはいけない環境に子どもを置くことは，子どもの心身の健康な発達を妨げる一要因となると推測できるため，本論ではその問題点と対応策を取り上げる。

【本論】

[1]家族が食卓を囲み，その日あった出来事などを話しながら食事をするという構図はアニメやドラマなどでよく見かけるのではないか。[2]食卓は「発達臨床心理学の視点に立つと，『かかわり』，『人間関係の技術』，『会話のセンス』，『場の流れを察知する勘』，『相手の気持ちを読み取るコツ』を，『食べ（摂り入れ）』ている」といえる（室田，2007）。[3]つまり，食卓を家族で囲むということは子どものコミュニケーション能力を自然に育てる場を作っているということなのである。[4]孤食の増加は，すなわちこのコミュニケーション能力を育てる場の現象に直結すると考えられる。[5]実際の社会の中でのコミュニケーションの練習であるような家族とのコミュニケーションが欠如すると，人との上手なかかわりあい方や自分の意見の伝え方のわからないまま育ってしまい社会にうまく順応できなくなるのではないか。[6]また，室田（2007）によると，2002年以降その孤食の様子も変化しているという。[7]一人での食事が寂しい，味気ないという「孤食」のタイプとは別に，食事は一人に限る，一人で食べ

ることのほうが気が楽といった「個食」のタイプが増えている。⑧これは「孤食」の経験が重ねられることの結果，そのような状態に慣れ，一人が気楽でよいという，コミュニケーションの状況から一歩ひいた態度，対人関係能力の低下を示す状態が起きていることを示唆している（室田，2007）のだという。

　①子どもに一人での食事を慣れさせてしまう状況を作り出しているのは大人であることは間違いない。②「孤食」という言葉は，本来は子どものみに使う言葉ではない。③一人暮らしの大人にも当てはまる行為なのであるが，子どもと大人にとってのその行為のもたらす意味と大きさは大いに異なると感じる。④一人暮らしの大人の場合は仕方のない状況があるとはいえ，自分で決定した生活スタイルの一部であるし，それを打開することも可能であるだろう。⑤しかし，子どもは違う。⑥両親や周りの大人の都合で決定され，強いられたスタイルであり，その打開は本人には難しい。⑦そのことへのストレスは測り知れないであろうが，現代社会ではあまりそのことについて深くは問題視されておらず，むしろその状況は当たり前のようになっているのではないかと思う。⑧改善策として，最適なことは家族全員が時間を合わせて食事を一緒に摂るという習慣をつけることであると筆者は考える。⑨だが，ニーズに合わせて好きなときに好きな食べ物を手に入れることが容易なこの現代社会においては，母親が家で手料理を作って待っているという必要性はないし，子ども自身も習い事や受験に忙しくしていることも多く，一朝一夕には習慣づけることは難しいと思われる。⑩しかし，少しずつでも家族での食卓の欠如はコミュニケーション能力やマナー意識の発育の妨げになるということを警告し，孤食の問題点について考える機会を増やしていくことが，今後の習慣づけに繋がっていくと推測する。

【結論】

　孤食は子どもの心身の健康な発育を妨げる一要因となると考え，その問題点と今後の改善策について論述した。現代社会の流通システムや社会システムは，昔とは大幅に異なる。そのため，昔とまったく同じようにはいかず，変化したことによる利点もあるであろう。その変化によって消えていった習慣を元に戻すことは容易ではないが，意識をするかどうかによってはその速度は大幅に変わると推測できる。よって，そのためにも子どもを持つ多くの大人にこの問題についての知識が広まり，問題意識を持たせることがその近道になるのではないか。

引用文献
室田洋子　2007　会話の乏しい子どもの食卓　大橋晴夫　それでも「好きなものだけ」食べさせますか　第7章，pp. 157-193

　上記のレポートに対する推敲すべきポイントの例を，以下に紹介する。レポートの評価者が異なれば，推敲の内容も異なる。以下の内容は正しい推敲という位置づけでなく，推敲の一例である。

序論
③と④：「孤食」「個食」の違いを定義した点は良い。
⑤：孤食が急増しているデータを示す。示さない場合は削除。
⑥：段落を変えるのがベター。①〜④の段落が孤食の現状と定義，⑥〜⑩の段落が孤食に対する問題提起と，主旨が少し異なるため。
⑦：読点をつける。「最早」が適切な日本語でない。
⑩：文章が長めなので，2文に区切る。

本論の1段落目
①：適切な位置に読点をつける。
②：二重括弧を使わなくてよいように，引用の表記方法を工夫する。
③：読点をつける。文末が回りくどいので，簡潔な文章表現にす

④：「すなわち」を冒頭に移動するか、削除。「現象」の漢字が誤りで、正しくは「減少」である。
⑤：「の」が続くため、前半の文章の表現がすっきりしない。後半の文章に読点をつける。
⑥：ここで段落を変える。①〜⑤の段落は孤食がコミュニケーションの機会を奪っていることを、⑥〜⑧の段落は一人での食事を好む子どもが増えていることを論じていて、各段落の主旨は異なる。

本論の2段落目
①：適切な位置に読点をつける。
③：レポートでは「感じる」という表現は不適切であり、④〜⑥で根拠をきちんと書いているので、「異なる」と言い切る。
④：文末表現が回りくどい。
⑦：「そのこと」が何を指すが不明瞭。⑤の「孤食を大人に強いられていること」か、「孤食を打開すること」のいずれであるか？
⑧：ここで段落を変える。①〜⑦の段落は大人が子どもに孤食を強いている事実を、⑧〜⑩の段落は孤食に対する改善策を論じていて、各段落の主旨は異なる。改善策について、もう少し具体的に詳しく論じるのがベター。
⑨：「この現代社会」「待っているという」の下線部は不要。「忙しくしている」は「忙しい」に修正。できるだけ簡潔な表現にする。
⑩：「警告」はレポートの文脈に合わない表現。読みにくい漢字のため「繋がっていく」はひらがなで書く。

結論
少し概論的で具体性に欠ける。孤食についての問題点と対応策を簡潔に結論づける書き方のほうがベター。

引用文献

章のタイトルに「」，図書名に『』をつける。

15.4　レポートの評価の例

　筆者の推敲すべきポイントは，担当教員にとっては評価のポイントに相当する。提出されたレポートに関して，**15.2節**で紹介した形式面と内容面の各項目を2段階あるいは3段階などで評価し，総合得点で評価する。内容面のほうが形式面よりレポートの本質であるので，内容面は形式面の3倍程度で重みづけるか，あるいは内容面のみ評価の対象とする。また，内容面の項目によって重みづけを変えて評価するのも1つの評価方法である。

　上記の**例文15-1**のレポートに対する評価例を，**表15-1**に示す。形式面，内容面の各項目を3点満点で採点し，内容面を形式面の3倍で重みづけて総合評価している。評価者によりレポートの評価結果は異なるので，参考程度にとどめて頂きたい。

表15-1　レポートの評価例

形式面　合計36点／39点満点

①	②	③	④	⑤	⑥	⑦
2	3	3	3	3	3	3
⑧	⑨	⑩	⑪	⑫	⑬	
3	3	3	1	3	3	

内容面　合計54点／60点満点

①	②	③	④	⑤	⑥	⑦	⑧	⑨	⑩
3	3	3	3	3	3	3	3	3	3
⑪	⑫	⑬	⑭	⑮	⑯	⑰	⑱	⑲	⑳
3	1	1	3	3	3	3	3	2	2

総合評価　36＋54×3＝198点／219点満点。100点満点に換算すると90点。

練習問題 15-1

上記の**例文 15-1**を参考にして，以下の**例文 15-2**のレポートについて詳細に推敲してみよう。以下のレポートは，京都光華女子大学の学生が執筆したものであり，推敲の練習の目的のため，担当教員はいっさい加筆修正していない。また，**表 15-1**の評価例を参考にして，形式面と内容面について評価してみよう。なお，匿名での本書への掲載について，学生本人から許諾を得ている。

◉例文 15-2

女性専用車両は男女差別に値するか

1．序論

日本国内には数多くの鉄道会社が存在し，その多くが現在女性専用車両を設けている。1900 年代には一時的に婦人専用電車や婦人子供専用車が導入されたこともあったが，現在の女性専用車両は 2000 年 12 月に京王電鉄京王線の一部に試験的に導入された女性専用車両がことの発端と言っていいだろう（Wikipedia のホームページより）。当初は女性の痴漢被害を減らすために導入されたらしい。しかし，実際は女性専用車両の設置によって痴漢被害が劇的に減少したという事例はない（女性専用車両断固反対！！のホームページより）。では，女性専用車両は本当に必要なものであるのか。また，それは男性差別に値するのではないかということに焦点を置いて論じたいと思う。

2．本論

女性専用車両はもともと，女性への痴漢対策として導入された。女性しか乗ることのできない車両なので，少なくともその車両においては減少しただろう。痴漢被害ではなくとも，満員電車では肌が接触する可能性が非常に高く，男性との接触を嫌う女性も少なくはないだろう。それらを考えると，多くの女性にとって安心のできる車両である。2005 年の駅探のホームペ

ージによる携帯サイトアンケートによると,回答者全体の8割(内女性が9割,男性が6割)が女性専用車両に賛成という結果が出ている。

しかし,本当にそれでよいのだろうか。女性専用車両の設置によってデメリットは発生しないのだろうか。(阪急電鉄京都本線の場合,)一番端の車両に設けているわけではないので,男性は女性専用車両の隣の車両から反対側の車両へ行くことができない。駅によっては改札から最も近い車両が女性専用車両の場合もあるだろう。その場合,男性はすぐに電車に乗り込むことができない。もっとも,駆け込み乗車はしてはいけないことであるが,実際にする者は多いと思われる。

そして,もうひとつ重大な問題がある。女性専用車両を設置することは男性差別に値するのではないかという問題である。女性しか乗ることのできない車両ということは,男性は「男である」という理由でその車両には立ち入ることができない。これは憲法第14条の「法の下での平等」に反しているのではないかと考えられる。男性の全員が痴漢をするわけではない。女性の全員が痴漢被害にあうわけではない。そう考えると,性別で車両を分けることは男性差別ではないかと筆者は考える。また,女性専用車両断固反対!!のホームページでも同様な男性差別について述べられている。

また,痴漢とは少々異なるが,セクハラについても考えてみよう。養父・牟田 (2004) によると,セクハラ被害は女性が男性にされることが多いのだが,男性も被害にあわないわけではない。「女性の被害が一般的であるために,逆に,男性の被害は真剣にとりあってもらえない,理解してもらえない,というおそれもあります(養父・牟田,2004)」とある通り,むしろ男性の被害の方が深刻かもしれない。その少数被害に目を向けず,女性だけを隔離するのは問題だと思う。

それでは,男性専用車両も設置すればよいという意見が出て

くるかもしれない。それこそ男女差別である。それに，男性目線で考えてみよう。男性専用車両に乗りたいと思うだろうか。全員とは言わないが，あまり好んで乗る男性はいないだろう。

3. 結論

　女性専用車両についてメリット・デメリットをあげてみた。それらをふまえて，筆者は女性専用車両の設置については反対であると主張する。女性専用車両に賛成する人は多いが，男女で分けるということは男女差別を意味するものだと筆者は考える。痴漢被害を減らしたいのであれば，より良い他の方法を考え出すべきだと思われる。

引用文献
Wikipedia：女性専用車両-Wikipedia（平成 20 年 7 月 13 日閲覧）
　　http://ja.wikipedia.org/wiki/%E5%A5%B3%E6%80%A7%E5%B0%82%E7%94%A8%E8%BB%8A%E4%B8%A1
女性専用車両断固反対！！（平成 20 年 7 月 13 日閲覧）
　　http://www.geocities.jp/tsubasa131/senyou-hantai.htm
駅探：女性専用車両特集（平成 20 年 7 月 13 日閲覧）
　　http://ekitan.com/sp/joseisenyo/enquete.html
養父知美・牟田和恵『知っていますか？　セクシュアル・ハラスメント一問一答』2004，解放出版社

16 学生どうしの読み合わせ

16.1 読み合わせの意義

同じクラスのメンバーどうしでレポートを読み合わせする。その意義は,以下のようなものがある。

・他者に読まれることを意識して,レポート作成する動機づけにつながる。
・他者のレポートを評価することで,批評的にレポートを読む練習になる。
・序論,本論,結論のスタイルでのレポートについて,いっそう深く理解できる。
・メンバーのレポートの工夫点や問題点,自分のレポートの出来栄えや改善点などを認識し,今後のレポート作成の参考にできる。

16.2 読み合わせの手順

以下の手順で,同じクラスのメンバーどうしで,各自のレポートを読み合わせる。

① 2人の学生がペアになる。
② 各自のレポートを交換して読み合わせ,評価シートに相手の名前を記入してレポートを評価する。可能であれば,お互いのレポートについて意見交換しあう。
③ たとえば15分間など,一定時間後にペアを変える。90分間授業であれば,6回ほど上記の手順を繰り返してペアを交代する。授業後は,評価シートを切り取って,筆者に評価シートを渡す。

16.3 評価シート

90分間授業の場合なら,各学生につき読み合わせの評価シートを6枚程度用意しておく。評価シートは以下の通りで,15.2節の「形式面」の評価を省き,「内容面」の評価を簡潔にしている。学生は感想も簡潔に書き合うと,お互いレポート課題2の参考になる。

内容面

1. タイトル
①レポートで論述する意義のあるテーマであるか?
②タイトルは適切に焦点が絞られているか?

2. 序論
③レポートで提起する問題の背景,内容,論じる意義は明記されているか?

3. 本論
④主張に関する理由を明確に述べているか?
⑤理由を裏付ける事実を適切に引用しているか?
⑥主張を裏付ける理由・事実として説得力はあるか?

4. 結論
⑦序論で提起した問題に対して,筆者の主張が明確に結論づけられているか?
⑧結論で,序論や本論で触れなかった新たな論点について論じていないか?

5. 引用
⑨本文中で,引用の文章と筆者の文章の違いが明確に分かるように記述されているか?

6. レポート全体
⑩ユニークな視点での論述が含まれているか?

7. 感想

17 まとめ

17.1 レポート作成のポイント

本書では、レポート作成の高度な技法は紹介せず、レポート作成に最低限必要な、基礎的な作成技法のみ紹介してきた。Part 1 では、レポート作成のための思考法、Part 2 では序論、本論、結論の構成で書くための練習をしてきた。特に、①わかりやすく、②論理的に文章を書くことをレポート作成で重視して紹介してきた。そこで、この2点について簡潔に説明する。

17.2 わかりやすく書く

わかりやすくレポートを作成することは、簡単そうで難しい。そのためには、個々の文章のわかりやすさも当然重要であるが、レポート全体の論理的構造を明確にすることが非常に重要である。そのためには、**表 12-2** あるいは**例文 14-1** のように、レポートの全体構成を書いてから、レポートの執筆にあたるのが適切である。書く順序は、序論、本論、結論のどの順序でもよい。書き進めるうちに、最初の全体構成が変化するのもよい。レポートの全体像を把握した上で、各論の内容を詳述するのが順序的に適切である。

筆者の主張は、できれば本論の冒頭で明確に書くのが適切である。筆者の主張について、本論の最後で書くのも一つの書き方であるが、本論の冒頭のほうが読み手にとっては理解しやすい。主張の後に、その理由を詳述するのが適切である。

最初に出来上がったレポートは、どんなにレポート作成にたけている人でも、わかりにくい文章表現を含むことが多いはずである。

わかりやすいレポートに仕上げるには，自分なりにわかりやすい文章を創意工夫して，複数回，最低でも3回以上の推敲が必要である。可能であれば，教員や先輩，友人などにレポートを読んでもらい，コメント・添削してもらうのが理想的である。

17.3　論理的に書く

17.2節で紹介した，わかりやすく書くこと以上に，論理的に書くことは難しい。その理由は，読み手をなるほどと納得させることが必要であり，そのための理由を筋道立てて書くことが必要になるためである。

理由を書く際は，「1つめは……。2つめは……。」などのナンバリングを使うと，全体の構造を理解しやすくなる。レポートの分量次第であるが，主張する理由として10個ほどある場合でも，その中からより重要な理由を2つから5つ程度に絞って詳しく論述する。たくさん理由を書きすぎると，個々の理由の重要性がぼやけてしまう。

個々の理由の論述では，13章で紹介した疑問の連鎖などを使って，しつこいくらいに考え抜いて書く必要がある。その際，文献で調べるべき事項が出た場合は調べ，理由を裏付ける事実を記述する。理由を裏付ける文献を探すことは，場合によっては非常に多くの時間を要する。

理由の論述については，筆者の文章と引用の文章をうまく織り交ぜながら書く必要がある。その際，主は筆者の文章で，副が引用の文献となる。つまり，骨組は筆者の文章で記述し，必要な個所に文献から引例・引用で肉付けしていく。

17.4　今後のレポート作成の取り組み姿勢

今後，どのような学習姿勢を持つことで，レポート作成能力が高まるであろうか？　ここでは，2つの学習姿勢について述べる。

17.4.1 レポート作成の機会を増やす

本書は，レポート作成の方法論の紹介であり，この方法論をいろいろな場で使い続けてこそ，レポート作成能力は高まっていく。レポートの形式が自由な場合，いろいろな科目でのレポート課題で，ぜひ序論，本論，結論の形式でレポート作成することを推奨する。本書で紹介した方法論を何度も適用することで，確かなレポート作成の基礎力を習得できる。

17.4.2 応用的なレポートの作成

本書で紹介した方法論は，レポート作成に必要な最低限の基礎的な思考法に限定している。クリティカル・シンキングの分野では，さらに応用的・発展的な思考法もある。本書の方法論をある程度習得した後は，より深く洞察した，あるいはより多方面から複眼的に考察したレポートの作成に向けて，より高度な思考法を学習するのが望ましい。

また，本書では，もっとも標準的で書きやすい序論，本論，結論の形式でレポート作成を練習した。本書の方法論をベースにして，必要に際して，この形式以外のレポートを作成する練習も望ましい。どのような形式のレポートでも，序論，本論，結論で論述する内容は必ず作成のうえで必要になる。そのため，本書の形式をきちんと習得できていれば，他の形式のレポートも，少し練習すればきちんと作成できるようになるだろう。

17.5 通年で学習の場合

本書は，半期分でのレポート作成の練習テキストとして作成されている。もし通年の授業でレポート作成を練習する場合，後半のセメスターでは，①個人でのレポート作成，②グループでのレポート作成に，それぞれ7回分程度の授業を使って練習するのが1つの授業計画である。

17.4.1節でも述べたように，レポート作成力を高めるためには，本書の方法論を使ってレポート作成する機会を増やす必要がある。しかし，明示的に教員が指導しないと，レポート作成の方法論を自主的に多様な科目で適用するのは難しいかもしれない。そこで，後半のセメスターの授業を通じて，本書の内容を振り返りながら，たとえば2400字程度など少し多めのレポートを作成するのがよいかもしれない。また，発表や議論などを多く取り入れて授業運営するのもよいだろう。

グループでのレポート作成については，基礎ゼミなどで，グループで発表資料をまとめる機会はあっても，レポートを作成する機会は少ないかもしれない。グループでまとめた成果をレポートに作成することは，概していえば，発表資料を作成する以上に困難な面が多い。より綿密な役割分担や議論の実践は，困難な面も多いが，同時にグループのメンバーと深くかかわることにつながる。また，こうしたグループワークは，社会で活躍する上で非常に大事な素養であり，大学時代に慣れておくのは意義深い。4人程度であれば，1グループで4000字程度のレポートが適切であろう。

参考までに，グループでレポート作成する場合の作業過程例を簡潔に紹介する。

①**テーマの決定**：意見を出しあい，テーマを決める。

②**タイトルの決定**：意見を出しあい，タイトルを決める。10個の質問＆応答やブレーンストーミングなどを利用する。

③**全体構成の作成**：議論しながら，序論，本論，結論を簡潔に文章化する。

④**文献探索の検討**：どんな文献が必要か，どうやって探すかなどを相談する。

⑤**役割分担**：誰がどんな文献を収集するか，どの箇所を執筆するかなどを相談して決める。

⑥**情報収集**：役割分担した文献を探して入手する。

⑦**情報をまとめる**：文献のどの内容がレポートのどんな箇所で引

用できるかを検討する。
⑧ **分担箇所のレポートを作成**：役割分担した個所の文章を作成する。
⑨ **文章を統合**：役割分担で作成した文章を統合して1つのレポートに作成する。
⑩ **加筆修正**：1つのレポートをコメントしあって加筆修正する。

個人，グループのいずれのレポート作成でも，完成したレポートを1つのレポート集として冊子にまとめるのが理想的である。教員，受講生，次年度に受講予定の学生にとって，大きな利益になる。

18 補遺

ここでは，深く思考するための訓練として，文章を要約しそれにコメントをつける技法を紹介する。習慣化することで，クリティカルな思考力や文章力を身につける一助となる。

18.1 書く内容の留意点

レポートには，筆者の主張と主張を裏付ける理由は不可欠であり，理由として文献を要約して引用することが多い。そのため，要約と意見を書く練習は，レポートで論理的に論述するための効果的な練習になる。本節では，読むべき文献として，新聞と『日本の論点』を取り上げる。これらを取り上げる利点は，新聞は毎日，『日本の論点』は毎年発行されている，容易に入手できる，低価格である，高い専門性を要しない，いろいろなトピックスに富んでいる，社会人として必要な内容である，などがある。

要約と意見を書く際は，以下の点に留意して書く。

18.1.1 要約と意見の共通点

わかりやすく，読み手が理解しやすいように書く。文字数には特に決まりはなく，要約，意見のいずれかの文章量を多めにする，あるいはほぼ均等にするなども自由である。

新聞記事，『日本の論点』の原稿のいずれも，限られた紙面と時間で書かれた内容であるので，さらに深く吟味する余地がある。より詳細な情報を収集したり，妥当な意見を考えめぐらせたりする。

18.1.2　要約

本文中の重要な用語や文章表現を使い，筆者なりの表現で記述する。ただし本文をピックアップして，そのまま書き写すのは避ける。本文全体を把握した要約でもよいし，特に重要であると筆者が考える点を中心とした要約でもよい。要約の訓練で大事なのは，著者が何を論じているかを筆者の表現でわかりやすく書くことであり，その範囲が全体か部分であるかはあまり重要でない。また，出典を明記する。

18.1.3　意見

本文中の情報に対して，自分の頭で考えた文章を書く。引用する際は，「新聞記事に書かれているように，」「A氏が主張するように，」などの表現で，引用であることがはっきり分かるように書く。他の文献からも引用する際は，出典を明記する。独創的な意見を述べることより，読み手に納得してもらえる意見を理由もつけて書くことが重要になる。誰の前でも主張できるような気概を持って，あいまいさを排除して，自分の意見を明確に言い切る。

この訓練では，要約と意見の両方を書くことが重要である。書かれている内容と自分の意見を，きちんと区別して書くことは，レポート作成で大事な技法になる。最初は書くのに多くの時間を使うが，慣れてくると要約も意見も短時間で書けるようになる。

18.2　要約と意見の例

実際に取り組む参考のために，朝日新聞の記事と『日本の論点』の原稿に関する要約と意見の例を3つずつ紹介する。

なお，上記の文献以外の推薦図書として，より多くの時事問題が紹介されている『朝日キーワード』などがある。

18.2.1 新聞の例
①テーマ：給油の大義を模索　（国際）
平成 19 年 10 月 3 日（水）　朝日新聞　朝刊 3 面

要約：米国中心の有志連合がアフガニスタンやその周辺国での対テロ戦争に参加しているが，日本がインド洋で有志連合に対して行う給油活動が憲法上認められるかが論争されている。政府は国連決議 1386 を根拠に給油活動を続ける必要性を主張し，民主党の小沢代表は，国連の承認がないと集団的自衛権の行使になり憲法違反に当たるとみなして給油活動に反対した。国連決議 1386 は，テロを「国際の平和および安全に対する脅威」と非難し，「対応するためにあらゆる必要な手段をとる用意がある」と提唱したものである。

意見：世界の中の日本という視点は外交，経済，平和，教育など多分野で必要になる。まず，世界に対して日本がどんな貢献ができるかを考える必要がある。その上で，その貢献は日本の国益につながるか，その活動は国内の法律に則っているかなどを考える必要がある。

　テロの防止は世界平和にとってきわめて重要であり，その防止活動に関わることは大きな国際協力といえる。テロは日本でも起こりうるため，テロ防止活動は国際協力だけでなく日本の国益にもつながる。

　新聞記事では，小沢代表は，給油活動は集団的自衛権（ある国が武力攻撃を受けた場合に，これと密接な関係にある国が協同して防衛にあたる権利，goo 辞書から引用）の行使と指摘する。しかし，日本もテロの標的国に十分なりうることを考えれば，対テロ戦争への協力は，個別的自衛権（自国に直接加えられた侵害を避けるために国家がやむを得ず行使する権利，goo 辞書から引用）の行使ともみなせる。テロから自国を守るために，憲法第 9 条の範囲内での給油活動を行うことは問題でないと考える。

憲法を含む法律は，本来現実を正しい方向に導くためのルールであり，憲法が先にありきではない。時代により状況が変われば，憲法も変更していく必要がある。

引用文献
goo 辞書：http://dictionary.goo.ne.jp/index.html（平成 21 年 7 月 4 日参照）

②タイトル：タクシーの値下げ　（経済）
平成 19 年 11 月 16 日（金）　　朝日新聞　朝刊 15 面

要約：福岡県の小さな町にあるタクシー会社が，平成 17 年にタクシー料金の半額値下げを申請したが却下され，平成 18 年に始めた独自の運賃で営業していたところ九州運輸局から処分された。タクシー業界では秩序を乱すスタンドプレーと批判がある。

意見：こういった規制は企業の経営努力を抑制し，消費者の利益を損失させる。できるだけコスト削減に努め，低料金で質の高いサービスを消費者に提供するよう，企業が努力するのは非常に妥当である。そのため，このタクシー会社の取り組みは企業として適切な取り組みである。車の燃費，乗客の獲得方法，サービスの提供の仕方など，いろいろ工夫してコスト削減が可能になれば，タクシー料金を値下げしても経営が成り立つのであろう。消費者にとってはおおいにありがたい取り組みである。

　バス・電車・航空機の運賃なども，会社により料金は異なる。他の業界であれば，ホテルの宿泊，飲食店，スーパーの商品など，提供する会社により料金は異なる。タクシー業界も自由競争による経営努力があってしかるべきである。

③タイトル：海藻からバイオ燃料　（技術）
平成 20 年 2 月 27 日（水）　　朝日新聞　朝刊 1 面

要約：地球温暖化対策で注目されているバイオエタノールを，海

藻のホンダワラ類から作る計画が進んでいる。日本のガソリン販売量のほぼ3分の1に相当する量になるそうだ。バイオエタノールの原料となる穀物の高騰が問題となっているが，ホンダワラ類は食用でないので大きな解決策になりうる。また，日本海の沖合で，四国の半分くらいの範囲でホンダワラ類は養殖される構想であり，沖合を活用するため，沿岸の生態系を守れるという特長がある。

意見：穀物と原油の不足・高騰の時代において，非常に画期的な技術である。生態系に大きなダメージを与えず，海水中での養殖であるため土地も必要ないことから，生産コストが高くなければ世界的に普及しうる技術である。こういった技術を確立させた国内の研究機関は高く評価されるべきである。この技術が国内で普及し，日本がエネルギー源を確保することを願う。

18.2.2 『日本の論点』の例

① 「少子化対策に決定打はあるか」『日本の論点』，論点-30, pp.280-285

要約：論者の一人である古川氏は，育児の経済支援の重要性を指摘した上で，加えて安心して子育てができる社会の実現が必要であると述べている。いっぽう吉田氏は，フランスは育児の経済支援で出生率上昇に成功したが，日本が同じ制度を実施しても国内情勢が異なるため成功は難しいと予想し，出生者が社会的・経済的に不利益にならない制度の必要性を指摘している。

意見：少子化対策の一案として，育児の尊さを中学校あるいは高等学校でしっかり教育し，社会も同様の認識を持つことがあげられる。日本社会の風潮として，育児費の工面や仕事との両立の困難，自由な時間の減少など育児の大変さが強調され，育児の尊さの認識が弱いと考える。新生児を社会人にまで育てることは，人間の形成，社会的責任の達成，

親子の成長，生活の充実感など，社会や人間をおおいに向上させてくれる。育児は生活の質をおおいに高める活動であることを，中学生くらいの年齢から理解させることで，社会人になったときに自然と出産・育児への意識が高まると考える。

② **「道徳教育は必要か」**『日本の論点』，論点-53，pp.478-489

要約：論者の一人である苅谷氏は，道徳は知識として教えられるものでなく，社会や他者との関係の中で学習されるものであるため，道徳教育は学校教育の科目として導入できないと論じている。いっぽう櫻井氏は，明治時代の品性に満ちた日本人を取り戻すためにも，学習の場を学校に限定せず，子どもも大人も含めた日本人全体が道徳観を学習する必要性を論じている。

意見：「道徳」は一義的に定義しにくいが，「善悪の判断や社会の規則の順守」と定義すると，学校での道徳教育は重要と考える。ただし，道徳を知識として記憶することが目的ではなく，道徳を現代社会の中で適用し，その道徳の必要性や問題点を理解し考えることが道徳教育の目的である。また，唯一の正しい解答を理解するための教科ではなく，正しさの基準を自分の価値観で確立し，その基準に照らして自分で是非を判断できる素養の育成が道徳教育の目的である。一例をあげると，平成21年度から実施される裁判員制度の導入について，犯罪，法律などを理解した上で，自分ならどう考え，社会にどう働きかけるか，などを考える場にする。道徳教育には，学校での教育以上に，家族どうしの会話や実践が必要であるが，学校でも一定の枠組みで学習しうると考える。

③ **「ものづくり日本は大丈夫か」**「日本の論点」論点-46，pp.414-425

要約：論者の一人である財部氏は，BRICs（ブラジル，ロシア，インド，中国）の4ヶ国が大きな経済成長を遂げるいっぽうで，日本経済は低迷して追い越されつつある中，日本はこれらの4ヶ国と協調・競合して活力を維持する必要があると論じている。いっぽう野村氏は，日本には世界に誇れる高い技術力をもつ老舗が多く，社会貢献を優先する老舗企業が今後も世界的にアピールされうると論じている。

意見：品質の高いものづくりの技術力は，現代でも日本は世界に誇ることができると考える。その背景には，野村氏の指摘する，日本にはものづくりと継続を美徳とする価値観があると推測する。野村氏が紹介する「売り手よし，買い手よし，世間よし」は名言である。いっぽう，品質の高い製品を海外で競合して販売する力が日本は弱いと考える。日本を含む世界への貢献に向けたものづくりの徹底と，財部氏の指摘するように，世界各国との積極的な協調・競合が，今後の日本経済の発展にとって重要と考える。

18.2.3　議論する

　自分が書いた要約と意見に対して，少数メンバーどうしが議論しあうと理想的である。1人ずつ要約と意見を発表しあい，聞き手は発表に対して，発表者の意見に対する意見，自分の意見，自分の持っている参考情報などを述べる。発表者は，他の人の意見や情報を聞くことができ，大変参考になる。聞き手は，発表内容から多様な情報を入手できて見聞が深まる。

　同じ日時に集う対面での議論が難しい場合，ブログやSNS（Social Networking Service）を使った非対面での議論も興味深い。たとえば4人1グループであれば，それぞれが自分のブログを開設し，新聞記事に対して意見と要約を書く。メンバーの要約と意見を読んで，コメントないしトラックバックを書く。メンバーの意見と要約に対して，対面での議論の場合，話し言葉であるため深く考えなくても

自分の意見を述べやすい。いっぽう，非対面での議論の場合，書き言葉であるため深く考えないと意見が述べにくく，書く力をより高めることにつながる。

対面，非対面のいずれにしろ，学生はサークル気分で運営すれば興味を深められるのではないか。非対面の場合，要約と意見が蓄積されていくのは，知的訓練を継続しているという自信につながる。

引用文献
朝日新聞社編 2008『朝日キーワード 2008』朝日新聞社
文芸春秋編 2008『日本の論点』文芸春秋
e-Gov の著作権法　（平成 20 年 8 月 29 日参照）
　　http://law.e-gov.go.jp/htmldata/S45/S45HO048.html
樋口裕一 2006『樋口裕一の小論文トレーニング』ブックマン社
伊藤美加 2006「第 5 講　きちんと考える方法：自分の意見を言うために」
　　藤田哲也編著『大学基礎講座　改増版』北大路書房，pp.97-114
苅谷剛彦 2002『知的複眼思考法』講談社+α文庫
木下是雄 1994『レポートの組み立て方』ちくま学芸文庫
北岡俊明 1999『文章力　名文と悪文』総合法令
北岡俊明 2003『「論理的に考える力」をつける本』青春出版社
新村出稿 1998　『広辞苑（第 5 版）』岩波書店
茂木秀昭 2004『ロジカル・シンキング入門』日本経済新聞社
中澤務・森貴史・木村康哲 2007『知のナヴィゲーター』くろしお出版
ニール・ブラウン，スチュアート・キーリー，森平慶司訳 2004『質問力を鍛えるクリティカル・シンキング』PHP（M.Neil Browne, Stuart Keeley 2001 *Asking the right questions: A guide to critical thinking.* Pearson Education）
大前研一 2004『考える技術』講談社
齋藤孝 2006『質問力』ちくま文庫
酒井聡 2007『これからレポート・卒論を書く若者のために』共立出版
酒井浩二・山本嘉一郎 2009 論理的思考とひな形を用いた初年次学生へのレポート指導．第 15 回大学教育研究フォーラム，pp.90-91
山内博之 2003「Ⅲ．レポートを書く技術　1．レポートの種類」田中共子編『よくわかる学びの技法』ミネルヴァ書房，pp.36-39
湯川武 2006「1 章　アカデミック・スキルズとは」佐藤望 編著，湯川武・横山千昌・近藤明彦 著『アカデミック・スキルズ』慶応義塾大学出版会，pp.10-27

練習問題の回答例

ここで紹介する内容は，練習問題の「回答」の例であり，正解である「解答」ではない。可能なたくさんの回答例のうちの1つにすぎない。読者が深く洞察して書くための参考資料としてご利用頂きたい。

2

練習問題 2-1

問題1：少年犯罪を少なくする方法は何か？
結論1：親が家庭のしつけや教育に対して責任を持つことである。
問題2：裁判員制度の利点は何か？
結論2：民意が判決に反映されることである。
問題3：日本が誇る科学研究の一例は何か？
結論3：山中伸弥教授が発見したiPS細胞である。

練習問題 2-2

・IOC（国際オリンピック委員会）による，2016年の夏季五輪の候補地である東京の評価は？
・オレオレ詐欺の主な詐欺の手口は？
・BRICs（ブラジル，ロシア，インド，中国）のうち，ロシアが経済発展を遂げた一番の要因は何か？

練習問題 2-3

・日本は，特にどの国と協調関係を築いていくべきか？
・赤ちゃんポストの実施の是非は？
・ワークシェアリングの是非は？

練習問題 2-4

記述問題：①，②，⑤，⑥，⑨
規範問題：③，④，⑦，⑧，⑩

練習問題 2-5

テーマ：ネット上での中傷
記述問題：ネット上での中傷の現状はどうか？
規範問題：ネット上での中傷を防止する方策は？

3

練習問題 3-1

例文 3-2
問題：世界各国と比較して，日本の男女賃金格差は大きいか？
結論：日本の男女賃金格差は比較的大きい。
※解説：1文目は，結論でなく理由に相当する。

例文 3-2
問題：徴兵制度には賛成か？
結論：徴兵制度には反対である。
※解説：2〜4文目は，結論でなく理由に相当する。

練習問題 3-2

テーマ：中学校教員の指導力不足
・指導力とは何か？
・指導力がなぜ必要か？
・教員の指導力の評価方法は？
・指導力不足と評価しうる教員はどの程度の割合か？
・指導力不足と評価した教員への支援方法は？
・指導力を高めるために，現在実践されている国内外での取り組みは？
・指導力を高めるために，今後どんな取り組みが必要か？
・中学校教員に必要な能力は何か？
・中学校教員の能力の現状は？
・中学生は教員をどのように評価しているか？
問題：指導力不足と評価した教員への支援方法は？

- 指導力不足の教員への学内外の研修
- 指導力不足の教員へのカウンセリング
- ベテラン教員による支援の検討
- 指導力不足の教員が評価の高い授業を参観する

練習問題 3-3

テーマ：学力の調査

①「学力」とは何か？
　思考力，記憶力，計算力，読解力など学力に関する多くの指標がある。ここでは，「知識」と「知識の活用」の2つの指標に限定して学力を捉える。

②誰の学力が調査されるか？
　義務教育期間に焦点を当て，小学生と中学生の学力を検討する。

③いつから学力が問題視されるようになったか？
　政府は，80年代から90年代，知識詰め込み重視の「受験戦争」が過熱してゆとりのない子どもが増えてきたと認識し，2002年から，授業時間数の削減，総合的な学習や週休5日制などを導入した「ゆとり教育」が実施された。しかし，逆に学力低下が指摘されてゆとり教育が見直しされ，多くの中学校の教員は土曜に補修の形で学習機会を生徒に与えているようである。

④なぜ学力が大事なのか？
　小学校・中学校を卒業して義務教育を終了すれば社会人として働ける。また高校に進学してさらに学習を進めることもできる。いずれを選択するにしろ，人間が社会の中で働いたり学習したりする上で，知識と，それを活用するスキルは不可欠なためである。

⑤どこで学力が養成されるか？
　基本は学校で行われるが，学習塾や家庭環境も大きな要因になる。特に家庭環境は，子どもが学ぶ意欲や姿勢を養う上で大変重要である。

⑥どうやって学力を高めるか？
　知識に関しては，子どもの好奇心を高める方法を考えて実践し，知識を得る方法を教えることが重要である。知識の活用に関しては，事例などを通じて社会で知識が活用されていることを教え，

実際に知識が使われる場面などを考えさせたり体験させたりすることが重要である。
⑦学力の地域格差は本当か？
地域格差が大きいとはいえない。理由は，朝日新聞1面の調査結果のグラフで，国語A（小学校）と数学B（中学校）の平均正答率の分布において，特定の級間に47都道府県のうち，それぞれ42都道府県と34都道府県が集中している。つまり，多くの都道府県が特定の級間の平均正答率に集中しており，地域格差は大きいといえない。
⑧学力調査の結果に対する文部科学省の解釈はどうなっているか？
朝日新聞1面によれば，文部科学省では，正答率が低かった一部の都道府県に対して，必要に応じて教員の加配の制度も検討するようである。
⑨学力に関連することは何か？
近年マスメディアで指摘される，教員の指導力不足があげられる。教員の指導力は生徒の学力に大きく影響するため，教員の指導力向上に向けた政策は生徒の学力向上に大きくつながる。
⑩学力調査の具体的な例は何か？
旺文社，ベネッセなど民間企業の模擬試験も，学力調査の側面を持つ。朝日新聞によれば，今回のような全員調査を政府が毎年何十億円もかけて行っているようであるが，知識と知識の活用の点数を調べるのであれば，大手民間企業の模擬試験結果でも十分把握できるのではないか？

関心のある質問＆回答：④，⑤，⑥
タイトル：社会人基礎力としての学力の養成方法の検討
概略：小学校と中学校の義務教育課程を経て卒業すれば，社会人として活躍できる。そのための基礎力を小学校，中学校で養成する必要がある。その方法を考える上で，経済産業省が推奨する社会人基礎力を柱にして，小学校と中学校の学力の養成方法を検討する。
引用文献：平成19年10月25日（木）　朝日新聞朝刊1面

4

練習問題 4-1

例文 4-3
問題：国語，英語などの語学教育で必要な教育内容は何か？
結論：語学教育では，読む，聞く，話す，書く技能を育成することばの教育が必要である。

例文 4-4
問題：高校でのタレント活動は容認されるべきか？
結論：高校でのタレント活動は容認されるべきである。

例文 4-5
問題：メーカー品の値上げ対策として，スーパーはどんな策を実施しているか？
結論：スーパーは，プライベートブランド（PB）の販売を急拡大させている。

練習問題 4-2

①家族
問題1
問題：核家族の問題点は何か。
結論：同居を通じて風習や文化を継承しにくくなる点が，問題点の1つである。
問題2
問題：家族の絆とは何か。
結論：苦楽を共にして共感しあう連帯性である。
②幸福
問題1
問題：幸福な人生の要件は何か。
結論：自分の人生観に基づいて社会貢献することである。
問題2
問題：社会全体の幸福を考える必要性の高い職業は何か。

結論：その職業の1つが政治家である。
③教育
問題1
問題：遠隔教育とはどのような学習方法か。
結論：インターネットに接続のパソコンを使って，教室外で授業内容を受講し，電子掲示板や電子メールで質問や議論をする。
問題2
問題：小学校で問題になっている教育問題は何か。
結論：携帯電話やインターネット接続のパソコンを使ったいじめが，問題の1つである。

練習問題 4-3

①協調
問題：労使協調は合理的か。
結論：労働者の利益が正当に保証され，使用者に対して労働者が権利を主張し，それらの権利について合議する機会が保障される場合，合理的である。
※労使協調＝労働者と使用者の関係を闘争関係とみず，紛争を排除し協力・調和を図ること（goo辞書のウェブサイトより）。

引用文献
goo辞書：http://ext.dictionary.goo.ne.jp/ （平成21年4月1日参照）

②公平さ
問題：入社3年目の社員すべてに同額の給与を支給することは，公平といえるか。
結論：社員により会社への貢献度が異なる場合，高い貢献度の社員に高額の給与を支給するのが合理的であり，同額の給与は公平といえない。
③秩序
問題：社会秩序を維持する上で何が重要か。
結論：現状に即した法律の制定と，それを順守する国家の体制である。

5

練習問題 5-1

例文 5-3
問題：選挙権は国民のみに与えられるべきか？
結論：選挙権は国民のみに与えられるべきである。
理由：政治の恩恵を受ける主体は国民である。

例文 5-4
問題：被選挙権は外国人にも認められるべきか？
結論：被選挙権は外国人にも認められることが望ましい。
理由：政治家の人材不足の現状から，より有能な外国人が政治家になったほうが日本国民にとって有益である。

練習問題 5-2

結論1の理由：小学校では，日本語で書く，話す，話し合う，読む能力を高め，自分の頭で考えて日本語を操ることができる素養を修得することが大事である。ネイティブの教員が授業に携わり，英語で授業を進めることで，英語は中学校から学習しても十分に習得できると推測する。
結論2の理由：政治的な解決ができない国際紛争に対して，日本人の安全や日本の威信を守るために，戦争は1つの選択肢として吟味する必要がある。また，選択肢に入れることは，他国が日本への戦争を回避する抑止力につながる。

練習問題 5-3

結論1：キャンパス内での全面禁煙は賛成でない。分煙の場所を確保するべきである。
理由1：禁煙できない学生や教職員にとって過度の拘束になる。
結論2：高速道路料金を1000円に引き下げることに賛成である。
理由2：自動車で遠方に移動する人が多くなるため，ETCの設置，飲食，名産物，観光地など，多方面での経済の活性化が見込まれる。

6

練習問題 6-1

理由：国内の GDP の総額は増えているが，世界に占める日本の GDP の割合は年々低下している．

事実：NIKKEI NET のウェブサイトによれば，平成 16 年から平成 19 年の 4 ヵ年の GDP は年々上昇し，平成 19 年度の日本の実質 GDP（国内総生産）は 562.8 兆円である．しかし，産経ニュースのウェブサイトによれば，世界に占める名目 GDP は，平成 6 年では 17.9％を占めていたのに対し，平成 18 年では 9.1％となった．

引用文献：

産経ニュース：http://sankei.jp.msn.com/economy/finance/071226/fnc0712261939009-n1.htm　（平成 20 年 9 月 12 日参照）

NIKKEI NET：http://rank.nikkei.co.jp/keiki/gdp.cfm　（平成 20 年 9 月 12 日参照）

練習問題 6-2

結論：小売店での有料レジ袋の料金を，たとえば 1 枚 10 円など高額にすべきである．

理由：レジ袋の料金が少額であれば，小売店でお金を出す抵抗のない人が増え，マイバッグを持つ習慣がなくなる．いっぽう，高額にすれば，もったいないという心理が働いて，買い物をする可能性のある人はマイバッグを持つ習慣ができる．

事実：環境省のウェブサイトによれば，平成 19 年度の調査結果では，以下の 2 つが指摘できる．1．レジ袋の辞退率は，小売店の約半数が 5％以下である．2．レジ袋を購入しても良いと思う価格は，10 円以下で約 80％，金額にかかわらず購入しないが 20％であった．1 のデータより，レジ袋を減らすには消費者の自主性に訴えても難しく，有料化が必要であることがわかる．2 のデータより，10 円以上にすれば多くの消費者がレジ袋の購入に抵抗を感じることがわかる．

引用文献：
環境省：http://www.env.go.jp/recycle/yoki/research/research01.html
　　（平成 20 年 9 月 12 日参照）

練習問題 6-3

問題：育児と仕事の両立を希望するすべての親が，安心して勤務できる社会といえるか？
結論：育児にかかわる親が，仕事に従事できない場合もある。
理由：条件により保育所で子どもを預かってもらえず，仕事と育児の両立が困難な場合もある。
事実：厚生労働省のウェブサイトによれば，年々，保育所での定員は増え，待機児童数は減っているものの 2007 年で約 1.8 万人もいる。

引用文献：
厚生労働省「平成 20 年度　厚生労働白書」，第 3 章，p.92　http://www.mhlw.go.jp/wp/hakusyo/kousei/08/dl/05.pdf　（平成 20 年 9 月 2 日参照）

8

練習問題 8-1

例文 8-2
問題：雇用の安定の方法は何か？
結論：高い学歴の人材を採用すると，雇用が安定する。
理由：学歴が高いほど離職率は低い。
事実：内閣府のウェブサイトによれば，平成 15 年 3 月卒業者の就職後 3 年間の離職率の累計が，中学校卒業者で 48.0％，62.5％，70.4％，高等学校卒業者で 25.1％，39.4％，49.3％，大学卒業者で 15.3％，26.3％，35.7％であった。

例文 8-3
問題：現代の父親は，ワーク・ライフ・バランスを保っているといえるか？
結論：現代の多くの父親は，ワーク・ライフ・バランスを欠いている。

理由：現代の多くの父親は，子どもとコミュニケーションを積極的にとっていない。
事実：内閣府の平成19年度国民生活白書によれば，2006年の調査で，父親の23.5%が平日ほとんど子どもと接しないと回答している。この背景には，父親が仕事で帰宅時間が遅くなることが想定できる。

例文8-4
問題：出生率を高める方法は何か？
結論：出生率を高める方法の1つは，2世帯以上の住宅を推進することである。
理由：親の同居により，経済的，精神的，身体的な支援が得られやすくなり，出産・育児しやすい環境が得られる。
事実：内閣府の平成19年度国民生活白書によれば，2002年の調査で，子どもの数の平均は，親と同居している場合で2.05人，別居している場合で1.69人となっている。

練習問題8-2

問題：飲酒運転で人を死傷させた場合，危険運転致死傷罪でなく，それより罪の軽い業務上過失致死罪が適用されうるのは妥当か。
結論：飲酒運転で人を死傷させた場合，常に危険運転致死傷罪にすべきである。
理由：法律で定められた交通規則を破った上での交通事故は，運転者が自ら事故を起こす引き金を引いているのと同じであり，故意犯とみなせる。いっぽう，制限速度，信号などの交通規則をきちんと順守していても，飛び出しや運転中の突発性の心身障害などにより起った交通事故は過失犯とみなせる。
事実：朝日新聞によれば，業務上過失致死罪は「過失犯」であり，危険運転致死罪は「故意犯」である。

引用文献：
平成20年1月9日（水）朝日新聞朝刊第18面

練習問題 8-3

例文 8-6
問題：男性は仕事，女性は家事・育児の性役割分業の傾向は，世界の国々に比べて日本は強いか？
結論：世界の国々に比べて日本では，性役割分業の傾向が強い。
理由：平日の父親の育児参加度は非常に低い。
事実：内閣府の平成 19 年度国民生活白書によれば，2006 年の調査で，父親が平日子どもと過ごす時間は，タイで 5.9 時間，アメリカで 4.6 時間，スウェーデンで 4.6 時間であるのに対して，日本は 3.1 時間と短い。

例文 8-7
問題：出生率を向上させる方法は何か。
結論：その方法の 1 つが，夫が家事・育児に携わる環境ができるように，企業が支援することである。
理由：夫の家事・育児の支援により，妻の家事・育児の負担度が軽減され，次の出産への安心感を得ることができ，妻の出産意欲は高まりやすい。
事実：内閣府の平成 19 年度国民生活白書によれば，2002 年の調査で，すでに子どものいる夫婦の場合，さらに子どもがほしいと妻が回答した割合は，夫が家事・育児をしていない場合が 36.6% であるのに対して，夫が家事・育児をしている場合は 44.2% と少し高い。

例文 8-8
問題：仕事と育児の両立支援制度は職場にどのような影響を与えるか？
結論：両立支援制度は従業員の職務効率を上げる。
理由：限られた勤務時間を効率的に使う機運が強まり，同僚どうしが家庭での生活も含めた相互理解を深めあうことにつながる。
事実：内閣府の平成 19 年度国民生活白書によれば，仕事と育児の両立支援を受けた従業員のうち，「仕事の進め方について職場内で見直すきっかけになった」と回答した割合が 41.5% ともっとも高く，「両立支援策に対する各人の理解が深まった」が 37.2% と次に高い。

9

練習問題 9-1

例文 9-2
あいまいな語句－「事故の危険性」：どんな事故の危険性か？
　事故の危険性の要因として，カーブで曲がりきれずに突っ込む，前方が見えにくくぶつかる，ブレーキが効きにくくぶつかる，などいろいろな事故が考えられる。どんな事故の危険性が高いか，3人乗りの特徴と照らし合わせて記述する必要がある。たとえば，自転車の3人乗りを禁止する是非について検討する場合，警視庁はどんなデータに基づいて3人乗りは事故の危険性が高いと判断し，禁止行為と判断したかを調べる必要がある。

例文 9-3
あいまいな語句－「規制緩和」：何がどのように緩和されたのか？
　事実を踏まえてこの語句を明確に定義することで，設備の質の格差が生じた背景を理解し，改善策を検討しやすくなる。なお，「設備の質」については，2文目で具体的な内容が説明されている。

例文 9-4
あいまいな語句－「指導力不足」：指導力とは生徒をどうする力か？不足とはどの程度のレベルか？
　この語句を明確に定義することで，この判決が妥当であるか否か，どんな判決がもっとも妥当であったか，などを検討できる。

練習問題 9-2

　文部科学省によれば，小・中学校において指導する道徳の内容は，自分自身，他の人とのかかわり，自然や崇高なものとのかかわり，集団や社会とのかかわり，の4つに関することである。この1,2,4点目の視点を踏まえ，ここでは道徳教育を，健全な生活習慣，他者を尊重し礼儀正しくふるまうこと，社会の規則を順守することを，子どもに教えることと定義する。

引用文献
文部科学省：http://www.mext.go.jp/a_menu/shotou/doutoku/07020611/001.htm（平成21年3月28日参照）

練習問題 9-3

「政治家は地域の活性化のために努力している」。
　地域活性化センターによれば，この財団法人は，活力あふれ個性豊かな地域社会を実現するため，まちづくり，地域産業おこし等，地域社会の活性化のための諸活動を支援し，地域振興の推進に寄与することを目的に設置された。ここでは，地域の活性化を，地域に住む人々が中心となって連携しあい，地域の産業，文化，スポーツなどの諸活動に活発に取り組んで豊かな生活を築くことと定義する。

引用文献
地域活性化センター：http://www.chiiki-dukuri-hyakka.or.jp/1_all/jcrd-info/jcrd.html（平成21年3月28日参照）

10

練習問題 10-1

テーマ：救急患者の受け入れ体制
理由：救急で病院に搬送されるものの，病院側の受け入れ体制の不整備を理由に断られ，他の病院を転々としている間に患者が亡くなる事故が起こっている。患者の命を救うのは医師・病院の使命であるが，その体制の整備は厚生労働省の責任でもある。病院，政府の双方が，救急患者への対応策を真剣に考える必要がある。

11

練習問題 11-1

- 国際交流：日本におけるホームステイの受け入れ体制の充実化方策
- 情報化社会：日本での電子政府推進の方策：カナダの電子政府の

事例を参考に

練習問題 11-2

テーマ1：食の安全
タイトル1：賞味期限の表記は必要か？：消費期限のみの表記の検討
テーマ2：モンスターペアレント
タイトル2：モンスターペアレントの家庭環境の特徴と学校の対応策
テーマ3：エコバッグ
タイトル3：販売店のレジ袋を全面有料化すべきか？：エコバッグの推進策として

練習問題 11-3

テーマ：格差社会
①格差社会とは何か？
　学歴，職業，収入などに関して，個人や地域の間で高低の差が大きい社会である。
②だれが格差社会で苦労するか？
　低い学歴や収入など，低い階層の人が苦労する。
③いつから格差社会という言葉がよく使われるようになったか？
　格差自体はいつの社会でも存在するが，この言葉が社会で普及し始めたのは，ワーキングプア，フリーターなど低収入の人と，ヒルズ族，セレブなど高収入の人がマスメディアなどで報道され始めた頃である。
④なぜ格差社会が必要か？
　格差がないと，頑張っても頑張らなくても同じ待遇となり，頑張ろうとする動機づけが低くなってしまうためである。
⑤どの組織が格差社会を方向づけするか？
　政府である。政府が民間や地方にできることは任せる「小さな政府」の方針をとると，格差社会になりやすい。
⑥どうやって格差社会でよりよく生きていくべきか？
　他力本願でなく自力本願で，自分の道は自分で切り開く姿勢で生

活する。
⑦本当に日本は格差社会といえるか？
　必ずしもいえない。アメリカと比べれば，日本の格差は小さい。
⑧格差の状況はどうなっているか？
　平成20年の経済危機により，派遣切りなどの雇用の格差の問題が生じるいっぽう，ワークシェアリングなどで雇用の維持も図っている。
⑨格差社会に関連することは何か？
　ライバルと競いあい，高めあい，競争に勝った者が優遇される競争原理と関連する。
⑩格差社会を反映する具体的な例は何か？
　経済的理由による教育機会の格差である。たとえば，経済的に裕福でない家庭のため，大学への進学が不可能になるなどである。
関心のある質問＆回答：④，⑥，⑨
タイトル：格差社会の前提としての機会と評価の公平性

12

練習問題 12-1

表18-1（次頁）のとおり。

練習問題 12-2

①問題の背景：1文目，2文目
②何を論じるか？：4文目
③なぜ論じるのか？：3文目

練習問題 12-3

①問題の背景
　ワーキングプア，ニート，派遣切りなど，格差社会の負の問題がマスメディアで取り上げられることが多い。格差社会とは，学歴，職業，収入などに関して，個人や地域の間で高低の差が大きい社会である。いっぽう，才能があり成果をあげた人が優遇される側面も

表 18-1　レポートの全体構成の例

テーマ：格差社会

タイトル：格差社会の前提としての機会と評価の公平性
1. 序論
1.1 問題の背景：
　近年、ワーキングプア、ニート、派遣切りなど、格差社会の負の問題がマスメディアで取り上げられる。格差社会とは、学歴、職業、収入などに関して、個人や地域の間で高低の差が過度に大きい社会である。
1.2 何を論じるか？：
　個人が動機づけを持って取り組み、社会が活性化するための格差社会の改善点について論じる。
1.3 なぜ論じるか？：
　グローバル時代で日本が生き残るためには、優れたものが高く評価され、結果として生じる格差社会は不可避であり、問題点を改善していく必要がある。
2. 本論
2.1 筆者の主張：
　社会が成功する機会を与え、成果をあげた人を適正に報いるという、機会と評価の公平さを満たす必要がある。
2.2 主張の理由：
　①機会の公平さの必要性
　②評価の公平さの必要性
3. 結論
　機会と評価の公平さを堅守した格差社会を目指すべきである。

格差社会は持つ。
②何を論じるか？
　格差社会の必要性について論じる。格差社会により，個人の動機づけを高めることができ，その結果，社会の活力を向上させることができる。ただし，均等に機会を与える社会流動性を社会が保障する必要がある。
③なぜ論じるのか？
　グローバル時代で日本が生き残っていくためには，競争原理に基づき，優れた者が評価されるシステムを社会に浸透させる必要があり，日本の現状に合うシステムを吟味する必要性は高い。

序論
　近年，ワーキングプア，ニート，派遣切りなど，格差社会の負の

問題がマスメディアで取り上げられることが多い。格差社会とは，学歴，職業，収入などに関して，個人や地域の間で高低の差が大きい社会である。グローバル時代で日本が生き残っていくためには，競争原理に基づき，優れたものが評価されるシステムを社会に浸透させることが大事であり，そのために適正な格差社会を検討する必要性は高い。本論では，個人が動機づけを持って取り組み，社会が活性化するための格差社会の改善点について論じる。

練習問題 12-4

本論では，第1段落で子どもの携帯電話利用による犯罪と被害について，第2段落で子どもによる有害情報へのアクセス禁止の不徹底について論じられている。結論は，子どもの携帯電話所持は犯罪に結びつく，である。
小見出し
第1段落：子どもの携帯電話利用による犯罪と被害
第2段落：子どもによる有害情報へのアクセス禁止の不徹底

練習問題 12-5

本論の小見出し
・格差社会で問題となる2つの不公平
・機会の不公平
・評価の不公平

本論
　格差そのものでなく，格差が生じる過程に2つの問題がある。下位の階層になる過程として，1つめは，成功の機会が与えられない，2つめは，成果をあげているのに正当に評価されない，である。両者に共通する点は「不公平」ある。
　1つめは，機会の不公平である。つまり，機会を得る前に門前払いされて，下位の階層への追いやられることである。たとえば，教育に関して，やる気も能力もある学生が，家庭の経済事情により大学に進学できない場合である。就職により人生が開ける場合もあるが，奨学金や学生ローンなどの制度のいっそうの充実化により，大

学進学の選択可能性を社会が与える必要がある。

　2つめは，評価の不公平である。つまり，努力や成果が正当に評価されずに，下位の階層に定着することである。たとえば，正社員と同等かそれ以上の成果をあげているのに，派遣社員のため正社員より低い給与しか得られない場合である。優秀な派遣社員に対して，成果に見合う昇給，あるいは希望者に正社員のポストを与えるなどを厳正に実施する必要がある。

練習問題 12-6

結論

　個人が努力し成果をあげた人を優遇する社会システムは，個人の動機づけを高め，社会を活性化させる上で必要である。その結果，必然的に格差が生じ，それ自体は問題ではない。問題は格差が生じる過程である。社会が成功する機会を与え，成果をあげた人に適正に報いるという，機会と評価の公平さを満たす必要がある。

13

練習問題 13-1

1つめの理由：「機会の不公平」
Q1：機会の不公平とはどういう意味か？
A1：成功する機会が一部の人に与えられないことである。
Q2：機会を公平に与えるべき理由は？
A2：誰でも成功した人生を望み，その願望に向けて挑戦する権利があり，その権利を社会が保障する必要がある。
Q3：機会の公平さをはかる指標は何か？
A3：社会流動性（文藝春秋, 2008）である。社会流動性が高いとは，頑張ることで富裕層に上がることができることを意味する。
Q4：機会の不公平の例はあるか？
A4：過疎地に在住の人で，非常に遠方にしか病院がないため通院がきわめて不便な場合である。いっぽう，都心部に住んでいれば近所に複数の病院があり，地域間格差である。
Q5：機会の不公平の例は他にあるか？

A5：定年退職である。ほとんどの会社では60代前半で定年を迎える。しかし，やる気，体力，能力も高い60代前半の人は多く，年齢だけを理由に定職につく機会を与えないのは不公平である。たとえば，衆議院議員などの政治家は60代が多く，矛盾している。

2つめの理由：「評価の不公平」
Q1：評価の不公平とはどういう意味か？
A1：同じ成果をあげても，他の人よりはるかに低い報酬しか得られないことである。
Q2：評価を公平にすべき理由は？
A2：頑張っても報われない社会では，動機づけは低下し，その結果，社会の活力も低下する。
Q3：評価を公平にしないと起こる問題の例は？
A3：たとえば企業で派遣切りが横行すると，優秀な人材が派遣会社に登録しなくなり，派遣社員を必要とする企業の首を絞めることになる。
Q4：評価が不公平な例は？
A4：終身雇用制度と年功序列制度である。いずれの制度も，加齢とともにやる気や能力が高まっていない場合でも地位や給与は上昇し，雇用が保障される。終身雇用制度は，社会流動性の阻害にもつながる。
Q5：評価が不公平な例は他にあるか？
A5：世襲制度は，やる気も能力もなくても必然的に高い階層に甘んじることができ，廃止されるべきである。

引用文献
文藝春秋編 2008『日本の論点』文藝春秋，pp.48-51

練習問題 13-2

①異見とその理由
異見
格差が緩和される社会を推奨すべきである。

理由
- たとえ機会と評価が公平であっても,ひと握りの人がきわめて高い階層で贅沢を極め,大多数の人が中流の階層に甘んじ,一部の人が低い階層で貧困などを強いられるのは好ましくない。富める者が貧しい者に配分するほうが,公平な社会である。
- 「小さな政府」を目指すと,民間での競争原理が作用し,地域,雇用の違いにより格差が生じ,下位の階層の生活水準が非常に低くなる。それゆえ,「大きな政府」を目指し,政府による公共サービスなどを推進し,下位の階層の生活水準の底上げを図るのが適切である。

②筆者の主張がより高い説得力を持つ理由

　グローバル社会で世界各国との競争を強いられ,優れた人材が評価され優遇される社会になる。政府の保護下で競争原理を適用せずに実施した場合,動機づけが低くなり,独創的なものが生まれにくくなる。良いものを生み出すことができる人材を創出するためには,優れた成果を高く評価し,その人材を高い階層に押しあげてやるインセンティブが必要である。その結果,必然的に階層的な格差が生じることになる。しかし,この格差を認めないと,活躍できる場を目指して優秀な人材が海外流出してしまい,国益を損なう。優秀な人材は国家の力を高めており,国民も大きな恩恵を得ていることになる。そのため,優秀な人材に高いインセンティブを与えて高い階層に位置させるのは適正である。

15

練習問題 15-1

推敲のポイント
1. 序論
- Wikipediaのホームページを引用しているが,必ずしも信頼性が高い出典とはいえないため,別の文献で引用する。
- 「当初は女性の痴漢被害を減らすために導入されたらしい。」の文章は,Wikipediaか,「女性専用車両断固反対!!」のいずれのホー

ムページからの引用であるか不明確。

2．本論
2段落目
・「（阪急電鉄京都本線の場合，）」より，「たとえば，阪急電鉄京都本線の場合，」の表記のほうが適切。
・デメリットとして，男性は女性専用車両の隣の車両から反対側の車両へ行くことができない，改札からもっとも近い車両が女性専用車両の場合，男性はすぐに電車に乗り込むことができない，の2点を指摘しているが，デメリットと指摘できるほどの重要性はない。
3段落目
・「女性専用車両断固反対！！」のホームページで紹介されている，女性専用車両が男性差別であるという主張の理由を述べる。
4段落目
・セクハラ被害と列車内での痴漢と関連づけて論述する。
5段落目
・男性専用車両が男女差別と考える理由を書く。3段落目で述べた，女性専用車両の場合と同様か？
　推測であるが，冤罪予防のため，男性専用車両に乗りたがる男性は多いかもしれない。

引用文献
・図書の出版年は著者名の後に表記する。

評価例
表18-2（次頁）のとおりである。

表18-2 レポートの評価例

形式面　合計39点／39点満点

①	②	③	④	⑤	⑥	⑦
3	3	3	3	3	3	3
⑧	⑨	⑩	⑪	⑫	⑬	
3	3	3	3	3	3	

内容面　合計52点／60点満点

①	②	③	④	⑤	⑥	⑦	⑧	⑨	⑩
3	3	3	3	2	3	3	2	3	2
⑪	⑫	⑬	⑭	⑮	⑯	⑰	⑱	⑲	⑳
1	3	3	3	2	3	3	3	2	2

総合評価　39＋52×3＝195点／219点満点。100点満点に換算すると89点。

あとがき

　本書は，京都光華女子大学での「アカデミック・ライティング」というレポート作成の授業資料をもとに作成した。平成20年度は，1クラス16人程の受講生×8クラスで，1クラスにつき教員1名が担当した。授業は前後期の1年間開講されたが，本書は半期分の授業テキストとして作成している。また，独学でも学習できる。

　レポート作成に関する授業内容は，1回生に開講の基礎ゼミの一環として紹介されている大学が多い。しかし，レポートの作成の技法をある程度体系的に習得するには，半期分，できれば通年分の授業を通じて学習するのが理想的である。

　レポート作成は，適切な「てにをは」や接続詞の表現などの文章作法だけ覚えても決して上達しない。レポート作成において，文章作法は大事であるが本質ではない。レポート作成の本質は思考力である。普段から考える力を養うために，いろいろな知識を取り入れ，物事を深く考える習慣をつけるほど，良いレポートが書ける。文章作法は，書く作業を継続していく上で少しずつ工夫していけば上達する。そのため，本書は文章作法についてはほとんど触れなかった。この点については，他書や指導者のコメントなどを通じて上達して頂きたい。

　出版にあたり，ナカニシヤ出版の米谷龍幸氏，ならびに宍倉由高氏には大変お世話になった。心より感謝する次第である。

平成21年5月
酒井浩二

著者紹介
酒井浩二(さかい・こうじ)
　京都光華女子大学人間科学部人間関係学科准教授

＊本書を大学テキストとして使われる場合の課題レポート例,
　及び,講義日程例については,
　http://www.nakanishiya.co.jp/books/pdf/0381-8.pdf
　にアクセスして入手することができます。ご確認ください。

論理性を鍛えるレポートの書き方

2009 年 10 月 10 日	初版第 1 刷発行	定価はカヴァーに
2011 年 12 月 10 日	初版第 2 刷発行	表示してあります

　　　　　　著　者　　酒井浩二
　　　　　　発行者　　中西健夫
　　　　　　発行所　　株式会社ナカニシヤ出版
　　　　〒606-8161　京都市左京区一乗寺木ノ本町 15 番地
　　　　　　　　　　　　Telephone　075-723-0111
　　　　　　　　　　　　Facsimile　075-723-0095
　　　　　　　　Website　http://www.nakanishiya.co.jp/
　　　　　　　　Email　　iihon-ippai@nakanishiya.co.jp
　　　　　　　　　　　　郵便振替　01030-0-13128

印刷・製本＝ファインワークス／装幀＝白沢　正
Copyright ⓒ 2009 by K. Sakai
Printed in Japan.
ISBN978-4-7795-0381-8

　本書のコピー,スキャン,デジタル化等の無断複製は著作権法上の例外を除き禁じられています。本書を代行業者等の第三者に依頼してスキャンやデジタル化することはたとえ個人や家庭内での利用であっても著作権法上認められていません。